Maï Le Dû

BORD DE MÈRES

RÉCITS

ÉLPÉA Éditeur
PARIS

62 rue du Faubourg Poissonnière
75010 Paris

ISBN 2-95 14 224-2-3

à Mireille JOSPIN-DANDIEU
Sage-femme passionnée

à mes fils Baptiste et Noé

PREMIERE FOIS PAIMPOL UN X SANS Y ROUDOUDO
ET TAGADA ELISE A ACCOUCHE POESIE CHAN
MARTA CHANTE PLEINE LUNE COUP DE SANG L
DANSE DE L'ORAGE PORCELAINE BRISEE LE CAFE
POUPEE LES YEUX D'ANNA AUTRES RIVAGES
TABLEAU LE LUTHIER LE MIRAGE MAUVAISE GRAI
L'AMNIOCENTESE LA MONTRE J'ETAIS AILLEU
POST-SCRIPTUM BONNE ANNEE PREMIERE FO
PAIMPOL UN X SANS Y ROUDOUDOU ET TAGAD
ELISE A ACCOUCHE POESIE CHANTE MART
CHANTE PLEINE LUNE COUP DE SANG LA DANSE
L'ORAGE PORCELAINE BRISEE LE CAFE LA POUP
LES YEUX D'ANNA AUTRES RIVAGES LE TABLEAU
LUTHIER LE MIRAGE MAUVAISE GRAI
L'AMNIOCENTESE LA MONTRE J'ETAIS AILLEURS POS
SCRIPTUM BONNE ANNEE PREMIERE FOIS PAIMP
UN X SANS Y ROUDOUDOU ET TAGADA ELISE
ACCOUCHE POESIE CHANTE MARTA CHANTE PLEI
LUNE COUP DE SANG LA DANSE DE L'ORA
PORCELAINE BRISEE LE CAFE LA POUPEE LES YEU
D'ANNA AUTRES RIVAGES LE TABLEAU LE LUTHIER
MIRAGE MAUVAISE GRAINE L'AMNIOCENTESE
MONTRE J'ETAIS AILLEURS POST-SCRIPTUM BON
ANNEE PREMIERE FOIS PAIMPOL UN X SANS
ROUDOUDOU ET TAGADA ELISE A ACCOUCHE POE
CHANTE MARTA CHANTE PLEINE LUNE COUP
SANG LA DANSE DE L'ORAGE PORCELAINE BRISEE
CAFE LA POUPEE LES YEUX D'ANNA AUTR
RIVAGES LE TABLEAU LE LUTHIER LE MIRA
MAUVAISE GRAINE L'AMNIOCENTESE LA MONT
J'ETAIS AILLEURS POST-SCRIPTUM BONNE ANN
PREMIERE FOIS PAIMPOL UN X SANS Y ROUDOUD
ET TAGADA ELISE A ACCOUCHE POESIE CHAN
MARTA CHANTE PLEINE LUNE COUP DE SANG
DANSE DE L'ORAGE PORCELAINE BRISEE LE CAFE
POUPEE LES YEUX D'ANNA AUTRES RIVAGES
TABLEAU LE LUTHIER LE MIRAGE MAUVAISE GRA
L'AMNIOCENTESE LA MONTRE J'ETAIS AILLEURS PO
SCRIPTUM BONNE ANNEE PREMIERE FOIS PAIMP

PRÉFACE

IL EN EST DE L'ÉCRITURE COMME DE LA NAISSANCE, ELLE AUSSI ENFANTE. La même force irrépressible, dictée par le désir, portée par la nécessité, préside à sa venue aussi naturellement que l'arrivée d'un nouveau-né et avec la même évidence.

Maï Le Dû, la sage-femme, l'accoucheuse, celle qui par sa posture, attend *"du côté de la sortie, côté plage, bord de mère"* que l'enfant vienne, le pressentait sans doute lorsqu'elle voulut mettre au monde ces récits inédits, en faire un livre né d'elle, un livre nouveau-né...

Ce recueil de récits exemplaires, elle a voulu aussi nous les offrir en partage. C'est un cadeau, rare, dont je sais intimement la valeur pour avoir grandi auprès d'une mère - elle-même sage-femme et à qui ce recueil est en partie dédié - au milieu d'histoires un peu semblables à celles-ci, que je ne me suis jamais lassée d'entendre, comme si au travers d'elles, et toujours sur la pointe des pieds, il me semblait que je m'en allais, à chaque fois, vers ce lieu sacré et énigmatique où la vie et la mort sont au plus près, indissociables et cependant baignées d'une joie, d'une émotion mystérieuses.

Cette émotion si chère, voilà que je la retrouve avec *"Bo[illegible] de mères"*, intacte.

Si l'émotion est là, intacte, c'est parce que Maï Le Dû, la sage-femme, est, on le sent bien, toute entière dans le "raz de marée du bonheur" de chaque naissance, ces moments extrêmes où, oui, *"on joue avec la vie, on jongle avec la mort"*, si pleinement qu'alors les mots qui lui viennent pour le dire, ce bonheur toujours fragile, toujours menacé, en deviennent magiques, pleins d'une grâce d'écriture que seule la vérité permet, une vérité exigeante en quête de savoir.

Ce savoir, Maï Le Dû en éprouvera un jour le vertige dans les yeux d'Anna, ce bébé fille en train de naître, ses yeux fixés sur elle au moment de sa sortie au monde : *"ce regard,* écrit-elle, *profond, puissant, tellement troublant que je ne pouvais m'en détacher... ce regard qui inspirait le respect comme si le petit être qui me le prodiguait, essayait de me transmettre des siècles de savoir, de sentiments, d'émotion... ce regard censé découvrir le monde mais qui semblait en connaître tellement, tellement plus que moi..."*

On l'a compris, avec ces récits vrais, ce n'est pas seulement à la découverte d'un métier que Maï Le Dû, la sage-femme, nous convie. C'est aussi à une sorte d'initiation car, de même que chaque histoire invite à travers les mœurs et les cultures à se positionner sur le sens de la naissance, *"Bord de mères"* nous parle de nous qui sommes nés d'une mère et nous permet de rêver de ce rivage dont nous gardons l'obscure et lumineuse mémoire.

Noëlle Châtelet

le 15 Septembre 2005

REMIERE FOIS **PAIMPOL** UN X SANS Y **ROUDOUDOU**
T TAGADA ELISE A ACCOUCHE **POESIE** CHANTE
ARTA CHANTE **PLEINE LUNE** COUP DE SANG **LA**
ANSE DE L'ORAGE PORCELAINE BRISEE **LE CAFE** LA
OUPEE **LES YEUX D'ANNA** AUTRES RIVAGES **LE**
ABLEAU LE LUTHIER **LE MIRAGE** MAUVAISE GRAINE
AMNIOCENTESE LA MONTRE **J'ETAIS AILLEURS**
OST-SCRIPTUM **BONNE ANNEE PREMIERE FOIS**
AIMPOL **UN X SANS Y** ROUDOUDOU ET TAGADA
LISE A ACCOUCHE POESIE **CHANTE MARTA**
HANTE PLEINE LUNE **COUP DE SANG** LA DANSE DE
ORAGE **PORCELAINE BRISEE** LE CAFE **LA POUPEE**
S YEUX D'ANNA **AUTRES RIVAGES** LE TABLEAU **LE**
UTHIER LE MIRAGE **MAUVAISE GRAINE**
AMNIOCENTESE **LA MONTRE** J'ETAIS AILLEURS **POST-**
CRIPTUM BONNE ANNEE PREMIERE FOIS **PAIMPOL**
N X SANS Y **ROUDOUDOU ET TAGADA** ELISE A
CCOUCHE **POESIE** CHANTE MARTA CHANTE **PLEINE**
UNE COUP DE SANG **LA DANSE DE L'ORAGE**
ORCELAINE BRISEE **LE CAFE** LA POUPEE **LES YEUX**
ANNA AUTRES RIVAGES **LE TABLEAU** LE LUTHIER **LE**
IRAGE MAUVAISE GRAINE **L'AMNIOCENTESE** LA
ONTRE **J'ETAIS AILLEURS** POST-SCRIPTUM **BONNE**
NNEE PREMIERE FOIS PAIMPOL **UN X SANS Y**
OUDOUDOU ET TAGADA **ELISE A ACCOUCHE** POESIE
HANTE MARTA CHANTE PLEINE LUNE **COUP DE**
ANG LA DANSE DE L'ORAGE **PORCELAINE BRISEE** LE
AFE **LA POUPEE** LES YEUX D'ANNA **AUTRES**
IVAGES LE TABLEAU **LE LUTHIER** LE MIRAGE
AUVAISE GRAINE L'AMNIOCENTESE **LA MONTRE**
TAIS AILLEURS **POST-SCRIPTUM** BONNE ANNEE
EMIERE FOIS **PAIMPOL** UN X SANS Y **ROUDOUDOU**
TAGADA ELISE A ACCOUCHE **POESIE** CHANTE
ARTA CHANTE **PLEINE LUNE** COUP DE SANG **LA**
ANSE DE L'ORAGE PORCELAINE BRISEE **LE CAFE** LA
OUPEE **LES YEUX D'ANNA** AUTRES RIVAGES **LE**
BLEAU LE LUTHIER **LE MIRAGE** MAUVAISE GRAINE
AMNIOCENTESE LA MONTRE J'ETAIS AILLEURS **POST-**
RIPTUM BONNE ANNEE PREMIERE FOIS **PAIMPOL**

REMIERE FOIS **PAIMPOL** UN X SANS Y **ROUDOUDOU**
T TAGADA ELISE A ACCOUCHE **POESIE** CHANT
ARTA CHANTE **PLEINE LUNE** COUP DE SANG **L**
ANSE DE L'ORAGE PORCELAINE BRISEE **LE CAFE** L
OUPEE **LES YEUX D'ANNA** AUTRES RIVAGES **L**
ABLEAU LE LUTHIER **LE MIRAGE** MAUVAISE GRAIN
'AMNIOCENTESE LA MONTRE **J'ETAIS AILLEUR**
OST-SCRIPTUM **BONNE ANNEE PREMIERE FOI**
AIMPOL **UN X SANS Y** ROUDOUDOU ET TAGAD
LISE A ACCOUCHE POESIE **CHANTE MART**
HANTE PLEINE LUNE **COUP DE SANG** LA DANSE D
'ORAGE **PORCELAINE BRISEE** LE CAFE **LA POUPE**
ES YEUX D'ANNA **AUTRES RIVAGES** LE TABLEAU
UTHIER LE MIRAGE **MAUVAISE GRAIN**
'AMNIOCENTESE **LA MONTRE** J'ETAIS AILLEURS **POS**
CRIPTUM BONNE ANNEE PREMIERE FOIS **PAIMPO**
N X SANS Y **ROUDOUDOU ET TAGADA** ELISE
CCOUCHE **POESIE** CHANTE MARTA CHANTE **PLEIN**
UNE COUP DE SANG **LA DANSE DE L'ORAG**
ORCELAINE BRISEE **LE CAFE** LA POUPEE **LES YEU**
'ANNA AUTRES RIVAGES **LE TABLEAU** LE LUTHIER
IRAGE MAUVAISE GRAINE **L'AMNIOCENTESE**
ONTRE **J'ETAIS AILLEURS** POST-SCRIPTUM **BONN**
NNEE PREMIERE FOIS PAIMPOL **UN X SANS**
OUDOUDOU ET TAGADA **ELISE A ACCOUCHE** POES
HANTE MARTA CHANTE PLEINE LUNE **COUP**
ANG LA DANSE DE L'ORAGE **PORCELAINE BRISEE**
AFE **LA POUPEE** LES YEUX D'ANNA **AUTR**
IVAGES LE TABLEAU **LE LUTHIER** LE MIRA
AUVAISE GRAINE L'AMNIOCENTESE **LA MONT**
PREMIERE FOIS **PAIMPOL** UN X SANS Y **ROUDOUDO**
ET TAGADA ELISE A ACCOUCHE **POESIE** CHAN
MARTA CHANTE **PLEINE LUNE** COUP DE SANG
DANSE DE L'ORAGE PORCELAINE BRISEE **LE CAFE**
POUPEE **LES YEUX D'ANNA** AUTRES RIVAGES
TABLEAU LE LUTHIER **LE MIRAGE** MAUVAISE GRAI
L'AMNIOCENTESE LA MONTRE J'ETAIS AILLEURS **POS**

PRÉAMBULE

Première fois

PEUT-ÊTRE ÉTAIT-CE UN VENDREDI, PEUT-ÊTRE ÉTAIT-CE AU PRINTEMPS. Je ne sais plus. Un vendredi de printemps, l'idée me plaît.

Métro Reuilly-Diderot, sortie du ventre de la terre, Boulevard Diderot, côté pair. Il fait doux. C'est le matin. Je suis élève sage-femme en deuxième année à l'hôpital Saint-Antoine, à Paris, et je vais prendre une garde de vingt-quatre heures en salle d'accouchement. Comme toujours avant cette retraite studieuse dans l'atmosphère confinée du bloc, l'air pollué de la capitale au lever du jour a un doux parfum de liberté. Je marche et passe la haute grille de métal vert foncé. Un petit tremblement s'installe le long de mes jambes. Un petit pincement au cœur. Regard vers le soleil qui étale sa liberté dans le ciel tout bleu… À demain, l'insolent. Dans quel état sortirai-je de cette nouvelle aventure ? Fatiguée, c'est sûr. Mais encore ? Que vais-je trouver de l'autre côté de la porte battante ? Une tourmente de travail, une course effrénée après le temps, une naissance calme et tranquille, un drame, une urgence vitale ? Tout est toujours si calme, au dehors, tout est toujours si différent, au dedans. Un autre monde, avec ses codes, ses rites, son langage, ses costumes. Chacun son rôle, chacun sa place, chacun sa couleur. Blanc badge rouge, blanc badge bleu, blanc badge rose, rose badge rouge… Même la langue faite d'abréviations et de mots techniques n'est accessible qu'aux initiés. Passer la porte marquée "Bloc d'accouchement, entrée interdite", pour une petite élève, c'est un peu comme descendre la passerelle de l'avion, à l'arrivée dans un pays étranger. Vous avez beau avoir prévu le décalage et revêtu un tee-shirt en plein mois de février, la température vous surprend quand même... Comme les manières de saluer, les façons de se tenir, les odeurs et les lumières nouvelles. Tous ces petits détails qui font de vous une autre personne, malhabile et un peu gauche, sortie de votre contexte, désincarnée.

Un dernier coup d'œil au ciel, une grande inspiration, et je me lance... Prête pour le décollage. Vingt-quatre heures à courir, à écouter, à apprendre, à attendre aussi. Je descends au bloc, et j'entre. Ma collègue en fin de garde a les yeux cernés, les paupières lourdes. Fatiguée. Elle n'a pas cessé de travailler depuis la veille au matin. À peine le temps de manger, vite fait, sur le pouce. C'est fou ce qu'elle est contente de me voir arriver. Elle me transmet les dossiers en cours, et se met au garde-à-vous près de la sage-femme pour recevoir son rapport de garde. Jugement.

La sage-femme d'aujourd'hui n'est pas une rigolote, mais ce n'est pas la pire. Et puis je suis plutôt bien vue, sage, rapide, discrète, obéissante, travailleuse. Un bon petit soldat.

Un premier accouchement, classique. La sage-femme pose ses mains en premier, moi mes mains sur ses mains. Je suis le mouvement. Je ressens. Mes mains doivent s'imprégner des sensations. Répéter. Encore et toujours répéter. Sentir au bout des doigts, au creux des mains, la force à contrôler, les tissus à préserver. Répéter sans cesse ces gestes qui seront les miens plus tard, quand je serai prête. L'apprentissage est progressif. En première année, on observe.

En deuxième, on pose les mains sur celles de la sage-femme et on se laisse guider. En troisième année, c'est la sage-femme qui pose les mains sur les nôtres en "parade", pour contrôler la maîtrise, et en quatrième année, elle garde les mains derrière le dos, n'appliquant que son regard sur nos gestes précis. C'est ainsi, à peu de chose près, certaines évoluant plus rapidement, au gré des gardes et de la confiance de l'enseignante.

Un jour je saurai. Un jour je serai prête. Je me sens comme au début de l'apprentissage de la lecture. B et A, BA... Furtivement, je tourne les pages, je regarde le texte de la dernière page, celui qui a un si joli dessin coloré, en bas. Et je me prends à rêver. Un jour je saurai déchiffrer ces belles phrases... Ça paraît totalement utopique, et pourtant. C'est terriblement excitant et stimulant.

Un second accouchement. J'ai mis mes gants. La sage-femme se place, approche ses doigts, les faufile dans la grotte mystérieuse à la rencontre de la tête encore cachée du petit d'homme qui approche. Elle cherche la fontanelle du bout des doigts pour repérer dans quel sens l'enfant se présente. Sourire confiant. Tout va bien. La femme pousse, mon guide me laisse toucher la petite tête qui progresse. Les sutures du crâne. Mes doigts inspectent consciencieusement. Une, deux, trois. Trois sutures en Y. Présentation Occiput Pubis bien fléchie. Elle acquiesce. Je retire ma main pour laisser "la vraie" se placer. La femme pousse à nouveau. Fortement. Le bébé appuie fort, encore retenu par la barrière osseuse des épines sciatiques. À chaque effort de la maman, la petite tête gagne du terrain, prête à basculer du bon côté de la barrière. Encore une fois... Allez encore, oui, la tête arrive à gagner le terrain manquant, prête à surfer la vague de la poussée, du côté de la sortie, côté plage, bord de mère. C'est alors que ça s'est passé. La sage-femme a attrapé ma main, l'a posée à la place de la sienne. "À toi" elle a dit. Je n'ai pas eu le temps de me rendre compte. J'ai empaumé la tête du bébé, la retenant, contrôlant sa poussée millimètre par millimètre. Je crois bien que je n'ai pas respiré pendant tout ce temps. La tête sortait tranquillement, moi j'avais la main gauche sur l'enfant, la main droite sur le périnée tendu de la femme, en dessous, en contre-pression. Ça y est. Le petit nez est sorti, le menton. J'ai alors attrapé la tête franchement de mes deux mains, je l'ai tournée, tirée vers le bas pour permettre à l'épaule de se dégager. Un genou au sol, j'ai relevé l'enfant vers le haut, alors qu'il se glissait hors de sa mère. Je me suis retrouvée avec ce nouveau-né dans les mains. Un enfant couleur lilas, tout mouillé, magnifique. Jamais un bébé ne m'avait paru si beau. J'ai fini par le donner à sa mère, presque à contrecœur. C'était un peu le mien, aussi. Vécu commun. La sage-femme m'a glissé à l'oreille "tu viens de faire ton premier accouchement. Très bon contrôle". Je me suis rendue compte. Mes mains se sont mises à trembler, mes yeux se sont brouillés. J'ai senti une formidable vague de bonheur m'envahir, un raz de marée naissant dans mon ventre et remontant jusqu'à la gorge. C'était immense. J'avais envie de chanter, de crier, de rire, de pleurer, d'embrasser tout le monde.

C'était la première fois, et ce que je ne savais pas, c'est que le raz de marée s'était installé pour toujours. À chaque nouvelle naissance, la vague se réveillerait, monterait, m'inonderait d'un bonheur inouï et incomparable. Oui, à chaque fois...Et ça dure toujours.

PREMIÈRE ÉPOQUE

PAIMPOL

PREMIERE FOIS **PAIMPOL** UN X SANS Y **ROUDOUDO**
ET TAGADA ELISE A ACCOUCHE **POESIE** CHAN
MARTA CHANTE **PLEINE LUNE** COUP DE SANG
DANSE DE L'ORAGE PORCELAINE BRISEE **LE CAFE**
POUPEE **LES YEUX D'ANNA** AUTRES RIVAGES
TABLEAU LE LUTHIER **LE MIRAGE** MAUVAISE GRAI
L'AMNIOCENTESE LA MONTRE **J'ETAIS AILLEU**
POST-SCRIPTUM **BONNE ANNEE PREMIERE FO**
PAIMPOL **UN X SANS Y** ROUDOUDOU ET TAGA
ELISE A ACCOUCHE POESIE **CHANTE MAR**
CHANTE PLEINE LUNE **COUP DE SANG** LA DANSE
L'ORAGE **PORCELAINE BRISEE** LE CAFE **LA POUP**
LES YEUX D'ANNA **AUTRES RIVAGES** LE TABLEAU
LUTHIER LE MIRAGE **MAUVAISE GRAI**
L'AMNIOCENTESE **LA MONTRE** J'ETAIS AILLEURS **POS**
SCRIPTUM BONNE ANNEE PREMIERE FOIS **PAIMPO**
UN X SANS Y **ROUDOUDOU ET TAGADA** ELISE
ACCOUCHE **POESIE** CHANTE MARTA CHANTE **PLEI**
LUNE COUP DE SANG **LA DANSE DE L'ORAG**
PORCELAINE BRISEE **LE CAFE** LA POUPEE **LES YEU**
D'ANNA AUTRES RIVAGES **LE TABLEAU** LE LUTHIER
MIRAGE MAUVAISE GRAINE **L'AMNIOCENTESE**
MONTRE **J'ETAIS AILLEURS** POST-SCRIPTUM **BONN**
ANNEE PREMIERE FOIS PAIMPOL **UN X SANS**
ROUDOUDOU ET TAGADA **ELISE A ACCOUCHE** POES
CHANTE MARTA CHANTE PLEINE LUNE **COUP D**
SANG LA DANSE DE L'ORAGE **PORCELAINE BRISEE**
CAFE **LA POUPEE** LES YEUX D'ANNA **AUTR**
RIVAGES LE TABLEAU **LE LUTHIER** LE MIRAG
MAUVAISE GRAINE L'AMNIOCENTESE **LA MONTR**
J'ETAIS AILLEURS **POST-SCRIPTUM** BONNE ANN
PREMIERE FOIS **PAIMPOL** UN X SANS Y **ROUDOUDO**
ET TAGADA ELISE A ACCOUCHE **POESIE** CHAN
MARTA CHANTE **PLEINE LUNE** COUP DE SANG **L**
DANSE DE L'ORAGE PORCELAINE BRISEE **LE CAFE**
POUPEE **LES YEUX D'ANNA** AUTRES RIVAGES
TABLEAU LE LUTHIER **LE MIRAGE** MAUVAISE GRAIN
L'AMNIOCENTESE LA MONTRE J'ETAIS AILLEURS **POS**
SCRIPTUM BONNE ANNEE PREMIERE FOIS **PAIMPO**

Un X sans Y

DEUX HEURES DU MATIN. EN LARMES. DOULEUR, CHAGRIN, PANIQUE, DÉTRESSE. Elle sonne à la porte de la maternité. Elle est venue seule. Toute seule. De toute façon, personne ne sait. Et personne ne doit savoir. Vous comprenez, le petit frère dont elle est responsable dort à la maison, la mère est morte depuis longtemps, le père picole. Elle, elle travaille comme une damnée dans une épicerie, du matin au soir. Sans elle, sans son salaire, le petit serait retiré, placé, déchiré. Elle est sa seule chance, son seul pilier.

Un jour de solitude, lasse de tant de responsabilités, elle s'est laissée séduire par une promesse d'ailleurs. Elle a oublié l'espace d'un moment les entraves de sa vie, et elle l'a écouté lui parler comme à une femme. Une Femme. Lui qui en avait déjà une. Seulement voilà... Le prince pressé n'a fait que prendre, vite et mal, ce qu'il voulait prendre, la romance n'était qu'une chimère. Cet homme, en passant par son cœur, a signé dans son corps. Et il a pris peur. Si tu parles, je te vire, je te casse, ce n'est pas difficile. Adieu ton frère, adieu ton père, ta vie tant bien que mal.

Elle s'est tue, elle a tout fermé à double tour, elle est restée seule dans sa souffrance, dans son secret. Au début, elle a presque réussi à croire que c'était un mauvais rêve. Elle a fait comme si de rien n'était. Elle a gommé les courbes de ses hanches et de son ventre, elle a caché au plus profond d'elle-même l'impensable réalité. Elle a nié l'évidence, un peu pour elle, surtout pour eux... Pour ça c'était facile, personne ne faisait vraiment attention.

Cette nuit, elle a serré les dents jusqu'au bout. Ce n'était pas la douleur le plus dur, ce n'était rien, même... La souffrance plutôt, alchimie de sa peur, de sa honte, et de l'évidence qui allait prendre un visage. Elle a accouché très vite, très "normalement", comme toujours dans ces cas-là. Elle a laissé l'enfant s'échapper de sa prison de secret, sans un mot, mais sans cesser de pleurer, les yeux fermés. Même la petite fille s'est faite discrète. Juste un petit cri pour rassurer la sage-femme, mais rien qu'un petit cri pour ne pas trop exister.

Deux heures après, elle a repris sa détresse, elle a repris sa souffrance, elle est remontée dans sa voiture et elle est rentrée préparer le petit-déjeuner pour son petit frère et pour son père. Aujourd'hui, comme chaque jour, ils ne manqueront de rien. Et ils ne verront rien. À peine une ride nouvelle au front, à peine une pâleur au visage.

Elle a fermé la parenthèse du mauvais rêve, enfin c'est ce qu'elle essaye de croire. Et nous, témoins impuissants de cet ouragan de courage et de désespoir, on a rêvé de la voir revenir, de l'entendre dire que ce n'est pas possible, qu'elle l'emmerde, l'autre, qu'elle va se mettre à vivre, enfin... Mais pour ça, il aurait fallu moins de honte, plus de force. Et de la force, personne ne lui en a donné, jamais.

Alors elle est retournée au boulot, remplie de vide et débordant de honte. À nous la haine, le dégoût, l'envie de hurler et de casser la gueule à ce type qui dort dans une vie légitime. Mais personne n'a jamais su, parce que personne ne devait savoir.

Quant à toi, petite fille, nous sommes quelques-unes à t'aimer en secret et à penser à toi chaque jour qui se lève.

Roudoudou et Tagada

Élise a quinze ans. Élise a l'enfance qui se prélasse encore dans ses joues arrondies, indice de fraises tagada, crocodiles et nounours savourés avec les copines à la récré. Certaines sont déjà déguisées en femmes, dans son école. Elle, non. Elle a quinze ans, ni plus, ni moins.

Frédo, lui, c'est un grand. Dix-sept ans et demi, je veux. La brosse blonde arrogante, un blouson assez grand pour planquer les mains, et même (mais ça se sont les filles qui le disent), il paraît que parfois il doit se raser de part et d'autre du sourire ravageur. Un mec, quoi, ouah !

Élise et Frédo, ils sortent ensemble. C'est sérieux, ça fait bientôt huit mois. Et Élise et Frédo, ils l'ont fait...Oh, ce n'est pas un exploit, c'est même plutôt banal, au lycée. On sort un peu, puis on couche ensemble. Mais Élise et Frédo, ce n'est pas exactement ça. Eux, ils ont fait l'Amour. Et comme c'était bien, ils ont recommencé. Ils sont bien ensemble, ils s'éclatent, Élise et Frédo.

Hier, Frédo a été grand pour de vrai. Il est venu au planning familial, les mains dans les manches, bien remontées. Il a demandé à parler au gynéco. Il n'est pas con, Frédo. Voilà, ce n'était pas facile à cracher, mais là, ça devenait trop dur à porter, un secret pareil. Élise, elle est enceinte. Elle n'a pas eu ses règles depuis... six mois. Déjà. Ce n'est pas qu'on cache qu'on couche ensemble, ce n'est plus comme ça, maintenant. On dort même ensemble chez les parents, ça c'est devenu normal. Mais là, même nous, on a été bluffés. Vous comprenez, c'est des trucs de... de grands, quoi ! On n'y a pas cru au début, et puis après, on n'a pas trouvé le créneau, on n'a pas osé. On ne sait plus quoi faire.

Bingo, Frédo, t'as eu le bon réflexe !

Médecin, baratin, examens, bambin... Élise et Frédo l'ont vu à l'écho. Merde ! C'est incroyable. Elle est enceinte de "chez enceinte" ! Il bouge, il a même ouvert la bouche en direct live, "salut les parents !". Les parents...Ça fait bizarre de se faire appeler parents, on n'est pas chiants ni exigeants... Profs, flics, toubibs, et... nous. On change de camp.

STOOOP !

On verra ça plus tard. Pour l'instant, on reste de notre côté. Le docteur a parlé. Le dire aux parents... La vache, c'est vrai, il reste ça. On respire un grand coup. Élise est décidée, elle va parler à sa mère. Son père, peut-être pas, la mère s'en chargera. Pour l'instant, le docteur a dit, "votre mère doit venir signer l'autorisation de soins et la déclaration de grossesse". Il a eu une bonne idée : il va appeler Martine, le médecin de famille, pour aider Élise. Elle va faire une drôle de tête, Martine... Mine de rien, ça va lui foutre un coup de vieux, de passer de la dispense de sport à l'examen prénatal... Elle aussi elle a raté un épisode, elle non plus elle n'a pas vu Élise quitter ses Barbies. Ce qu'on peut être ringard, quand on est vieux ! Une semaine plus tard, Élise revient en consultation à l'hôpital. Elle va voir la sage-femme, on a tous pensé que ce serait mieux, plus doux, plus maternant. Elle est entrée dans le bureau en laissant Frédo et sa mère dans la salle d'attente. Et toc, c'est Moi qui décide, la sage-femme l'a dit. Frédo est mort de rire en lui lançant qu'elle va se faire remonter les bretelles à cause des kilos en trop, et la maman tricote frénétiquement. Pas de temps à perdre, ça va venir vite, maintenant !

Élise a accouché

Au fait… petite Élise a accouché. L'enfant d'enfants est arrivé. Immense bonheur pour cœurs de beurre.

Le jour où ça a commencé, tout le monde a débarqué. Mère de mère, père, père de père, mère de père, sœur de mère… Frédo, le père, il voulait y aller. Il voulait y aller seul, j'entends. Tu comprends, c'est son enfant. Mais c'est dur à imposer, sans froisser, sans gêner, sans vexer. Maman de maman voulait aider, petite maman ne savait pas décider, pas imposer. À quinze ans, on suit les grands, c'est évident. Alors, quand on devient maman, une maman de maman, c'est important, enveloppant…

Frédo, il n'osait pas dire que c'était leur enfant, qu'ils étaient les parents, qu'ils devenaient grands. Il l'a dit à son papa. Son papa a compris, ressenti. Mais oui ! C'est dur pour lui de prendre sa place. Madame la sage-femme, mon fils voudrait être seul en salle de naissance, avec sa Bien-Aimée, son petit bébé, sa destinée. Il a décidé, il a peur de froisser, il n'ose pas s'imposer. Si vous pouviez l'aider…

Mais bien sûr, on n'y avait même pas pensé ! C'est un peu dur, mais vraiment doux, pas trop de monde, question de place… hum… tout le monde reste dehors, ils vont bien, ils sont bien, ils en ont besoin. Je vous dirai quand venir. Sourire. Maman de maman a compris. A souri. Est sortie. C'est vrai qu'il est bien le petit, c'est vrai qu'il est là, bien là, qu'il respire, qu'il caresse, qu'il masse, qu'il tendresse. Ils sont deux. Bientôt trois.

Maman de maman s'est retirée. A réalisé. Sa petite sait qu'elle est là, sans être là. Ça suffit, c'est ainsi.

Élise et son bébé travaillent, Frédo veille. Élise trouve son corps évident, Frédo trouve son rôle épatant. Je t'aime, vas-y, t'assures, t'es classe. C'est vrai qu'elle a assuré, Élise. C'est vrai qu'il a assumé, Frédo. Ils ont fait ça main dans la main, les yeux câlins, le cœur satin. Bébé est arrivé. Petit d'Homme, garçon fripon, garçon frisson. Oh là là, c'est génial ! Ça fait flipper, mais vous avez vu un peu, comme il est fabuleux ? Putain, qu'est-ce qu'il est beau !

Depuis, Frédo, il est accroc à Élise et à son petiot. Il a même apporté ses chaussons. Il couve sa Belle et son garçon.

Élise est bien. Frédo est là. Ils sont devenus trois.

Poésie

"MERDE, PUTAIN, FAIT CHIER, ÇA FAIT MAL !" ... Mesdames et messieurs, bienvenue à la maternité !

La jeune femme qui vient de déclamer ces quelques vers a posé son sac à terre. Elle tient son ventre. Elle a des contractions, elle va bientôt accoucher.

À côté d'elle, sa mère, une femme à la silhouette jeune, serrée de très près dans un pantalon de skaï noir, arbore une chevelure blond platine. Son maquillage est agressif, et elle mâche bruyamment et sans aucune grâce un chewing-gum vert-hollywood.

"Eh ben si tu commences comme ça, t'es mal barrée !"... Réconfort de mère...

"Ta gueule !"... Réponse de fille.

Le décor est planté. Le spectacle vient de commencer.

Du côté de l'équipe de garde, on se jette un regard complice, entre amusement et agacement. Un regard qui dit "ça promet !"

"C'est pas le tout, il faut peut-être qu'on aille voir où vous en êtes ?" lançai-je. Nous entrons toutes les trois dans la salle de consultation. La pièce exiguë s'emplit rapidement d'une violente odeur de tabac. À quatre heures du matin, ça agresse les sens... Place au rituel de l'examen d'entrée : on observe, on interroge, on palpe, on explique... Le travail d'accouchement a débuté, le col de l'utérus a commencé sa dilatation, les contractions vont continuer leur boulot pour que bébé arrive d'ici quelques heures... On discute. La jeune femme a déjà un enfant, Dylan, deux ans, et la petite famille vient d'arriver dans la région, débarquant d'une ville de Mayenne. Le papa est parti à l'annonce de la deuxième grossesse. Plus exactement : "Ce connard s'est cassé parce qu'il voulait pas du gamin. De toute façon, avec c'qu'i' picole, ça fait de l'air ! En plus sa mère m'avait tellement gonflée quand j'étais enceinte de Dylan... Tu me crois si tu veux, elle voulait tout le temps que j'bouffe et elle collait la pression pour que j'fume pas ! Non mais, elle voulait que l'gosse soye gros... C'est pas elle qui l'sort !"

Je ne peux retenir un éclat de rire. "C'est vrai quand même que ce n'est pas idéal de fumer quand on est enceinte... vous avez fumé beaucoup, ces derniers temps ?"

"Normal, comme tout l'monde...". Cette réponse-là, c'est la première fois qu'on me la faisait...

On poursuit l'entretien... La jeune femme et son fils, la mère, la petite sœur de treize ans, le frère de dix-huit ans, tout le monde cohabite dans une caravane non loin de là. "C'est quand il pleut trop que c'est chiant". Et la garde du petit bonhomme de deux ans, en ce moment ? "C'est Christopher, le grand, qui s'en charge. "Au fait, m'man, tout à l'heure, oublie pas d'appeler Kimberley pour être sûre que Christopher emmène Dylan chez Brandon !"

Et non, ce n'est pas une fiction...

Eh bien, je ne vous demande pas si vous regardez la télé !

"Ouais, les feuilletons américains, ça c'est la vie ! Là-bas au moins, la vie est belle... Y'a des dollars et ça change tout...". Sans voix... Je reste sans voix...

"Et le petit, il va avoir un nom américain, aussi ?"

"Il va s'appeler Bradley... Ben oui, les prénoms français c'est nul, j'allais quand même pas l'appeler René !"

Rigolade. Difficile de renchérir...

On quitte la salle, on se dirige vers la chambre. La première question est celle de la télévision. Bien sûr. Pour ça, il faudra attendre le matin. Dur.

Lentement, l'aube s'installe. Pendant ce temps, les contractions se succèdent dans une atmosphère tendre et de plus en plus détendue bien que bercée de jurons tous plus crus les uns que les autres. On respire, on accompagne la douleur en marchant, en bavardant... C'est alors que la maman, s'adressant à sa fille, lance “N'empêche, t'as de la chance, t'as une sage-femme sympa, parce que souvent c'est des sacrées salopes !”. Et paf ! Mais ça s'appelle une marque de reconnaissance, je crois... Suivent alors les récits des accouchements de la maman, dans lesquels se succèdent des descriptions épiques de sages-femmes que la décence m'interdit de transcrire ici. Solidarité confraternelle oblige…

On parle du petit garçon de deux ans, qui n'est pas ici “merveilleux et craquant”, mais “trop super et carrément cool”… Sans lui, elle n'aurait pas eu le courage de se battre cet hiver si difficile, faire les démarches pour l'électricité, les restos du cœur, et tout. Pas facile de franchir le pas… L'amour de mère étincelle. La confiance s'est installée, les défenses tombent. On parle entre femmes.

Pour cette génération de l'instant, du provisoire, de l'artifice télévisuel, c'est plus difficile encore de patienter, d'accepter un travail du corps long et douloureux. Difficile aussi pour moi, représentante à leurs yeux de l'autorité qui d'habitude inspecte, juge, harcèle, “prend des mesures”, de me faire accepter comme complice, comme guide qui n'attend apparemment rien en retour sinon que tout se passe bien…

Tout à coup, la mère, qui a eu trois enfants, se fige et demande : “Mais au fait, comment qu'y fait pour respirer là d'dans ?”. Bon. Un schéma. L'utérus comme un ballon, le liquide amniotique, le cordon, le bébé. "Mais alors y pisse dedans ? C'est dégueulasse !" Et oui... "Et comment qu'i' bouffe ?" Le cordon, les molécules, euh, des petits trucs qui passent dans le cordon pour aller nourrir les cellules de l'enfant. Je rame. Je découvre l'étendue incroyable des lacunes et des représentations erronées sur l'anatomie. Mon Dieu, que la physiologie de base m'apparaît compliquée tout à coup ! Avec la confiance, les questions endormies s'éveillent et prennent vie. C'est délicieux de transmettre, de décoder, c'est déroutant aussi.

Tout à l'heure, quand l'enfant criera vigoureusement à peine sorti de son nid douillet, elle expliquera à sa fille : "C'est normal, il gueule parce qu'on lui a coupé son cordon, alors tout d'un coup il a plus à bouffer. Il a faim."

Mais avant cela, il y a l'épisode de la naissance. Pédagogie pratique, conseil d'une mère à sa fille... "Pousse ma grande ! Fais comme si qu' t'étais aux chiottes !" C'est vrai, quoi... On se complique vraiment la vie avec nos mots mesurés, cajolés...

L'enfant est né. On a toutes pleuré, on s'est embrassées. Joie intense, émotion brute. Magie de la vie.

Nom de Dieu, je fais un putain de beau métier !

Chante, Marta, chante...

Vingt-quatre août 2002, église Saint Jean-Baptiste, Chantenay-Villedieu, concert de Marta Almajano.

CHANTE, MARTA, CHANTE. JE T'EN PRIE, SURTOUT, NE T'ARRÊTE PAS. Thomas, il aurait aimé ça. S'il avait entendu cette voix, il aurait réfléchi à deux fois avant de faire ça. Avant de décider de stopper là. T'as déconné sur ce coup-là, Thomas. T'as même pas connu ça.

J'ignore pourquoi je pense à Thomas, soudain, dans cette église. Assise sur ce banc de bois, j'écoute la voix de Marta. La voix de Marta entre en moi, c'est beau, plus beau que beau. Et moi, moi, je pense à Thomas...

Thomas, c'est le bébé de Mathilde. Ou plutôt, c'était le bébé de Mathilde. Thomas est mort la semaine dernière. Il est mort avant d'arriver. À peine fabriqué, tout juste terminé, fignolé. Pas pris le temps de goûter aux baisers. Trop pressé. Même pas né.

Mathilde est arrivée à la maternité, les traits tirés, angoissée. C'est pas comme d'habitude. Bébé dort, dort, bébé dort... trop. Trop longtemps.

Pas bougé. Pas swingué. Bébé ne répond pas ce matin. Moi, je n'aime pas quand les bébés ne bougent pas. Je n'aime pas quand les mamans ne sentent pas. D'habitude, les bébés qui ne bougent pas, ils font le pied de nez en rentrant dans la maternité, " c'était pour de rire ! Je danse ! " Un coup de pied pour un pied de nez.

Mais là, bébé, il ne rigole pas. Il ne démarre pas. Et je n'aime pas ça.

Oh, chante, Marta, chante. Je t'en supplie, ne t'arrête pas. Va chercher les mots tout au fond. Aide-moi.

Thomas ne bouge pas. Je ne trouve pas le cœur de Thomas. Non, pas ça, Thomas, déconne pas. Contrôle écho. Pas de signal. Y'a pas photo. Un point final. Fatal. Pas de mots.

Mathilde n'a pas de mots. Pas de larmes. Que le choc. C'est pas vrai, pas possible. Hier encore il virevoltait. Hier encore il vivait. Espoir fou. Désespoir. Je cherche encore. Je monte le son. J'appuie ma sonde jusqu'à faire mal. Je vais le trouver. Il doit battre par là, derrière, à gauche. Rien. Je tremble tellement que mes gestes se brouillent. Confusion. Mon cœur tape, frappe, mes jambes coton, ma gorge nouée, étranglée. Je ne peux plus parler. Ne pas craquer. Il faut le trouver. Encore par là. J'appuie. Je secoue. Les valves sont là, immobiles. Le cœur en croix. C'est foutu. Il a arrêté d'être un futur bébé. Il a choisi de terminer. Avant d'arriver.

Oh, Marta, aide-moi, va chercher tout ça au fond de moi. Souviens-moi, lave-moi. Chante, Marta, chante, je t'en supplie, ne t'arrête pas.

Mathilde est couchée dans un lit. Dans la maternité. On entend des bébés pleurer. On attend. On attend que son ventre relâche l'étreinte désespérée. On lui a donné des cachets, des cachets "pied-de-biche" pour forcer le verrou. Casser l'étreinte. Provoquer la rencontre. Cette rencontre, elle doit avoir lieu. On nage dans le cauchemar, mais tous les psy l'ont dit. La rencontre doit se faire. Éviter le trou noir, plonger dans le désespoir. Voir un visage pour l'au revoir.

Mathilde a mal au ventre, tout d'un coup. Elle ne veut rien savoir, elle ne veut pas qu'on la touche. Elle ne veut surtout pas qu'on étouffe la douleur de son ventre. Elle dit qu'au moins, comme ça, elle est avec lui. Pour lui.

Ça va vite, très vite. Le corps de Mathilde ne respire pas, ne souffle pas. Thomas arrive. On frôle l'insoutenable. Pour elle, surtout, pour moi aussi. Thomas est dans mes mains. Tombé du nid, trop tôt. Violemment. Meurtri. Thomas est dans mes mains. Vie sans vie. J'ai envie de vomir. Pourtant, il faut tenir. Ne pas faiblir. Pas encore. Mathilde est dans son monde, perdue. Ses yeux vides. Son ventre vide. Sa vie vide. État de choc.

Thomas est face à moi. Je l'ai allongé sur un lange tout bleu. Il faut l'habiller, le présenter. Mon rôle de fée doit continuer. Drôle de fée. Bébé cassé. Et cette nausée qui plane, ce cri coincé dans ma gorge nouée ; mes mains tremblent tellement que j'ai du mal à enfiler sa petite brassière blanche à Thomas. Je me surprends à lui parler, doucement, à le caresser du bout des doigts. Son petit visage immobile. Mes yeux se brouillent. Je voudrais qu'il crie, qu'il pleure, qu'il donne un signe, quoi. Rien.

Oh, Marta, Marta, chante, chante. Je sens Thomas au bout de mes doigts. Oh, chante, Marta, chante, je t'en supplie, ne t'arrête pas.

Mathilde a pris Thomas dans ses bras. Elle lui parle, elle lui pleure des je t'aime, des t'en vas pas, des pourquoi t'as fait ça ? ... La douleur de son cœur explose et rend l'air encore plus étouffant. Ses mains balbutient des caresses malhabiles. Il est beau, elle dit. Il est tellement petit.

Elle trouve que son visage est doux, elle trouve qu'il a l'air tranquille, son petit. Elle le couche sur son ventre vide. Elle reste là, comme ça. Elle ne bouge pas. Des torrents de larmes coulent de ses yeux fermés. Elle s'apaise un moment, un long moment. Puis, repue de la douceur de sa peau, elle me le tend, elle le rend au néant. Adieu mon enfant. Je t'aime. Je t'aime. Je t'aime...

Mathilde s'est jetée dans mes bras, après ça. On a pleuré, pleuré. Mais la colère était restée, collée aux milliers de pourquoi. Jusqu'à toi.

Merci, Marta, merci. Tous ces sanglots étouffés, ta voix les a réveillés. Surtout, continue à chanter, Marta, Thomas, je suis sûre qu'il aime ça, là-bas.

Pleine lune

ELLE EST RONDE, ELLE EST DODUE, ELLE EST VENTRUE ET GORGÉE DE LUMIÈRE. Vingt huit jours qu'elle attend cette nuit, SA nuit, pour rigoler un brin. Foutre la pagaille dans le règne animal, allumer la nature et gonfler les océans. Quel pied ! Elle s'installe au milieu du ciel, parée pour le spectacle.

Coup de projecteur sur la campagne, les vaches qui broutent, les lapins qui trottent, les chauves-souris qui hésitent et les chouettes qui râlent. Jour, nuit, nuit, jour ? Faudrait voir à se décider. Coup d'œil sur un immeuble, en ville. Le jeune couple du troisième s'engueule copieusement. Il a laissé traîner ses chaussettes, et ça elle ne supporte pas. D'habitude ça ne lui fait pas cet effet-là, mais ce soir, elle ne sait pas pourquoi, elle craque... Le bébé du quatrième braille, braille, braille. Le père berce, berce, berce, mais rien n'y fait. Du coup la mère pleure, pleure, pleure, c'est vrai, ce gamin, c'est pas possible, qu'est-ce qu'il a ce soir ? Le papy du sixième a allumé sa télé. Même pas la peine de se coucher. Une fois par mois, il ne dort pas. C'est comme ça. Franchement contente, la lune. Ça marche toujours aussi bien. Elle s'est gardée le meilleur pour la fin. Un petit coin tranquille au bord de la mer, une jolie petite maternité. Salut Paimpol ! Là, elle jette l'ancre et s'installe pour la nuit : c'est son spectacle préféré.

Quatre heures trente. Trois enfants sont nés depuis minuit. Tout juste sorties de la salle d'accouchement, au fond du couloir coloré, Régine, l'aide-soignante, et moi, la sage-femme, savourons enfin une parenthèse de calme retrouvé. Parenthèse au parfum de café, au goût de pain beurré. Plein les pattes. Une vague de fatigue envahit la petite salle de repos. C'est toujours quand on s'arrête que ça nous tombe dessus. Coup d'œil par la fenêtre. T'es contente, hein, la lune ! Regarde un peu son petit air narquois… Marée descendante. Ouf. Ça va peut-être se calmer un peu.

La première femme est arrivée vers vingt-deux heures. Ensemble, nous avons marché, respiré, transpiré, tourné, viré, poussé. Le petit enfant est né, la maman a pleuré, et nous avons savouré. Belle naissance, beau bébé. La tétée, les longs moments d'intimité, de dialogue, tissage patient de la confiance gagnée, fusion puissante pour ces quelques heures partagées. Pour nous, c'est un grain de beauté en plus au fond du cœur. Bien au chaud, bien gardé. Pour elle, un petit bout d'éternité gravé. Elle s'en souviendra toute sa vie. Cette vie qu'on n'a fait que croiser quelques heures durant, qu'on a partagée d'emblée si fort… Incroyable magie de ce métier. Parfois on ne se connaît même pas, avant. De but en blanc, on reçoit dans le creux de nos mains leurs vies, leurs désirs, leurs peurs les plus profondément enfouies, on pénètre le plus intime de leur être, le corps, la tête, la pudeur. On s'offre à elles, elles se donnent à nous, elles se jettent dans nos regards et nos bras. On devient la seule personne qui peut, qui sait, qui rassure, tandis qu'elles deviennent les seuls êtres au monde, notre seule attention, notre seule perspective. Leurs yeux sont plantés dans les nôtres. On calque notre souffle sur le leur, puis on mélange nos larmes à leurs larmes, à la fin de l'histoire. La fin de notre histoire commune, le début de la leur. Vient alors le moment de se retirer sur la pointe des pieds. Notre temps est révolu. On est passées par là. On les a aidées à passer le pont de fille à mère, instant sacré du changement de statut, instant profane des humeurs intimes et impudiques. On joue avec la vie, on jongle avec la mort, on fascine, on fait peur. On ne fait jamais que passer et pourtant on reste gravées. Et chacune d'elles garde sa place chez nous. Parfois c'est juste un regard qu'on reconnaît des années après. Et ce regard, on ne l'oublie jamais. On s'y est trop longtemps baigné pour pouvoir l'effacer. On y a déversé notre énergie pendant des heures, avant de s'abreuver de sa paix, après, juste après.

Juste après, tiens. Qu'est-ce qu'on peut bien faire, juste après ? Qu'est-ce qu'on fait de tout ça, quand on se change pour aller retrouver la vie normale, la vraie vie ? Où range-t-on tout ça quand on rentre à la maison, juste après, la bulle à peine crevée ? Comment gère-t-on ce trop-plein d'émotion quand… Maman, il faut signer mon cahier, il n'y a plus de Nutella pour le goûter, et le chat a fait pipi sur le tapis… Pauvres chéris, on les envoie parfois balader, on n'est pas encore prête à écouter, juste après. Se replonger dans la réalité. Quitter un univers pour un autre.

Il est deux heures trente. Le deuxième enfant est né. Le temps essaie de s'arrêter. Une de nous surveille d'un côté, l'autre donne un bain au bébé. Un brin de couture par-ci, un biberon par-là. Et bien sûr ce foutu ménage. Elle, elle est aux anges dans son ciel. Gonflée de plaisir, rayonnante.

Trois heures vingt. Un bruit. Au bout du couloir, une valise. Derrière la valise, un couple. Elle a les traits tirés, il a les traces de l'oreiller. Cheveux ébouriffés et yeux effarés. Elle s'affaisse, se baisse, pose ses mains sur le mur. Un râle… Mais elle pousse ! Pas le temps de bondir dans la salle voisine. L'une retire les vêtements, l'autre recueille l'enfant. Papa est un peu blanc, maman rigole franchement, maintenant. Le troisième bébé est né. Ils pouponnent, racontent et se recolorent. Intermède.

Rapidement le ballet reprend. Brancardage, ménage, une sonnette, une couche à changer, un coup de blues à consoler. Valse tournée, polka piquée.

Le café fume. Ça sent bon. Allonger les jambes. Oh, que c'est doux ! Merci la lune, va-t'en, maintenant, on veut souffler un peu. Le mois prochain, on ne sera pas de garde, on pourra aller à la pêche… Chacune son tour pour la marée ! !

Coup de sang

C'ÉTAIT PENDANT UNE DE CES HEURES ÉTRANGES, CES HEURES SANS TROTTEUSE COMME EN CONNAISSENT ENCORE QUELQUES SAGES-FEMMES DE PROVINCE... Moments hors du temps, entre béatitude et émerveillement, les mains fébriles d'avoir donné des gestes précis, fermes et doux, et les yeux un peu embrumés de larmes pudiquement cachées pour ne pas trop entrer dans cette intimité qui vient de se créer entre trois êtres tout neufs et étonnés de s'entrevoir enfin.

Tout est calme. Tout est simple. Chuchotements de parents, émerveillement d'enfant. Rien ne se passe, si ce n'est... ce petit bruit soudain, ce petit je ne sais quoi qui fait tendre l'oreille et qui saisit le sixième sens en éveil de la sage-femme... Comme un robinet... ouvert... ça te rappelle quoi... ce chuintement sournois... Quatre secondes ont passé. Quatre secondes d'apnée et de remue-méninges... réfléchis... ce bruit, ce bruit... Merde ! Elle saigne !

Volte-face. Un coup d'œil au couple. Lui ne voit rien. Il est dans son émotion. Dans les yeux de son enfant. Elle, elle commence à faiblir, à pâlir. Envie de vomir... de s'évanouir.

Vite. Le père, l'enfant. Dans les bras. Dans le couloir. La femme. Tête en bas, perf à fond. Putain, ça saigne. Et ce bruit, si petit, qui bourdonne dans les oreilles. Ce robinet ouvert. Ça pisse. Le baquet se remplit. C'est rouge. Ça brille.

La voix tranche. Appelle le gynéco et l'anesthésiste. Qu'ils viennent VITE. Elle a dit cela sans laisser transpirer sa peur. Le ton suffit pour celle qui connaît le code. L'aide-soignante, elle connaît ce ton. Ferme, sec, tranchant, urgent. Fissa, elle a dit.

Course. Téléphone. Sourire au père. Ça saigne un peu. On va stopper ça. Ça ira.

Un gant. La main plonge dans la femme. Loin, très loin. Il FAUT arrêter ça. Caillots. Mousse. C'est rouge. C'est long, trop long.

Les portes qui claquent. Les sabots dans le couloir. Les voilà. Pas un mot. Un regard juste. "A toi !". La femme grimace. Son corps se lasse… Je pars. Je le sens. Je m'en vais…

Pas ça ! Restez là, accrochez-vous, parlez-nous ! Peux pas. Mes oreilles. Ça cogne, bourdonne. Mes forces. Ma gosse. Je peux plus. Salut.

La tension se casse la gueule. Le cœur monte à la charge. Perfusion. Injection. Coagulation. Un autre gant. Grouille !

Partez pas ! Restez là ! Déconnez pas !

Massage. Carnage. Vas-y nom de dieu, masse-la, remplis-la, sauve-la !

Toute pâle dans son lit. Elle sourit. Pas la frite. Y'a eu le feu on dirait. Quel beau bébé. Maintenant, il faut du temps.

Coup de sang - sang d'encre - bon sang ! On a eu chaud.

La danse de l'orage

À L'HEURE DE LA CONSULTATION, JE LES ATTENDAIS TRANQUILLEMENT DANS LE BUREAU VITRÉ ET CLAIR DU SECRÉTARIAT. Ils n'arrivaient pas. Ce nom, sur le carnet de rendez-vous, je ne le connaissais pas. Chose étonnante, les secrétaires non plus. Pourtant, elles en connaissent du monde, les secrétaires. Elles sont même notre annuaire à tous, à la maternité. Je n'ai jamais compris comment elles faisaient, d'ailleurs. Sans doute un truc de plus, de naissance, le kit-mémoire légué par les bonnes fées au dessus de leur berceau... Bref, ce nom-là, personne ne le connaissait. Mystère. De toute façon, personne n'arrivait. Le nom allait donc être classé avec le dossier encore vierge lorsque, tout de même, par acquis de conscience et pour partir tranquille vers d'autres activités, je me décidai à aller jeter un œil derrière le paravent de la salle d'attente. Et là, surprise, ils étaient assis. Comment étaient-ils passés sans être remarqués ? Combien de temps avaient-ils attendu sans oser être vus ? Nul ne le sait. Ils étaient simplement là, cachés derrière.

Lui, un grand type tout maigre, tout pâle, avec une barbe noire. Elle, une petite femme toute maigre, toute pâle, avec un petit ventre à peine perceptible sous son pull rapiécé. Sa barbe à lui était de ces barbes que l'on porte comme un masque plutôt qu'un étendard, très loin d'une marque de virilité affichée. Non, tout simplement, il était... caché derrière.

Son ventre à elle était tout petit, tout discret. Je l'avais remarqué parce qu'une sage-femme ressent les bébés de loin, avant de les voir. Son ventre était comme camouflé dans un immense pull tout abîmé, tout déformé. Il paraissait désolé de venir me déranger, confus d'être obligé de se présenter à moi, d'exister. Il essayait simplement de rester... caché derrière.

Ils se sont levés, les yeux rivés sur leurs chaussures usées. Le grand type était tout courbé, comme effrayé. La petite femme le suivait pas à pas, une ombre pour deux, c'est bien suffisant.

Leur regard, je l'avais à peine croisé, je n'avais pas encore réussi à y plonger, ils ne m'y avaient pas invitée. On commence à parler, un peu, surtout moi. Arrivés il y a peu de temps, ils sont un peu perdus, un peu errants, un peu ferrailleurs, un peu rien, à côté de la vie des autres, dans la doublure du monde.

Je pose mes mains sur son ventre. À plat, franchement. Elle tressaille. Elle se méfie. Je croise son regard effaré, il me semble qu'elle entrouvre la porte, je la force, je m'y engouffre. Vite, profiter de l'aubaine. Déverser de la douceur, du sourire, du tout va bien. Un regard, une caresse. Alors, vous me le présentez ce bébé ? Regard de détresse à son mari. Elle ne comprend pas. Lui non plus. Moi non plus. Quoi, ça, je l'ignore. On parle la même langue pourtant, mais quelque chose ne circule pas. Elle est là, il est là, je suis là. Et pourtant nous ne sommes pas trois. Tiens, votre bébé me salue ! Vous le sentez bouger, là ? Il vient sous ma main, sa tête est là, donnez-moi votre main, laissez-vous guider, touchez, caressez votre enfant. Laissez-vous aller...

Tout à coup, son regard se plante dans mes yeux. Ce regard, jamais je ne l'oublierai. Tourbillon de sentiments violents, désespoir, douleur, bonheur, chagrin, les mots manquent. Elle a fermé les yeux. Une larme a perlé. Une larme d'orage, lourde, gorgée de douleurs étouffées. La larme a roulé sur sa joue. D'un geste spontané, je l'ai essuyée de la pulpe du pouce. Alors, le grain a éclaté, des tas de larmes ont inondé son visage. On est restés là comme ça, sans bouger, longtemps, longtemps. Son bébé s'est mis à valser, valser, comme libéré d'un lien secret. Le petit ventre est sorti de sa cachette, il a enfin dansé. Sous la pluie.

Le grand type a regardé de loin la "danse de l'orage" et j'ai cru sentir un rayon de sourire perler derrière le masque. Mais le masque était fixé depuis longtemps, depuis tout le temps peut-être, et son regard n'a fait que ricocher sur le mien avant de retomber sur les chaussures usées. Je ne savais pas ce qui se passait, je ne comprenais pas. L'orage, la danse, le presque soleil qui avait l'air de presque percer...

Elle s'est rhabillée, toute courbée. Elle a rangé son bébé, elle l'a recaché sous le pull rapiécé. Il n'y avait plus rien à dire, rien à faire, juste sourire. Et encore. On s'est salués du bout des lèvres, du bout des yeux.

Sa main à lui sur la poignée de la porte. Son ombre à elle revissée dans la sienne. Il hésite. Il se redresse. Son regard se hisse vers le mien. Je ne peux plus respirer. Il va enfin parler, m'expliquer ce qui se passe, là. Viens, sors-nous de là, dis-moi...

- Pardon Madame, on ne comprend pas... Pourquoi êtes-vous gentille avec nous ?

Je n'ai pas pu m'endormir ce soir-là. Je ne trouvais pas de réponse. Tous vivants, tous égaux, tous des Hommes, c'est plat, c'est déjà dit. La dignité. La dignité était peut-être le mot clef. Qui aurait pu imaginer qu'une pincée de dignité saupoudrée du regard pouvait faire danser un bébé, avant même qu'il soit né ?

Porcelaine brisée

Elle a posé ses mains sur son ventre. Elle a fermé les yeux. Fermé les yeux sur la douleur qui lui écartèle le corps. Fermé les yeux sur le plafond blanchâtre qui lui sert de ciel. Sur le goutte à goutte de la perfusion. Elle ne peut même plus bouger. Elle a même du mal à penser. Et cette douleur. Violente et lancinante. Partout. Les jambes, le bassin, les épaules, le cou, la tête. Et le ventre. Oui, le ventre, surtout.

Elle a posé ses mains sur son ventre. Le sentir. Le toucher. Le sentir bouger. Comme avant. Avant la douleur et les perfusions.

Elle a posé ses mains sur son ventre. Elle ne sent rien. Plus rien. Que la douleur. Sous la paume de ses mains engourdies, elle ne le trouve même pas, son ventre. Elle tâtonne. Du bout des doigts. De la gaze, du sparadrap. Ça gratte. Ça pique. Elle découvre un tuyau qui part d'elle pour aller elle ne sait où. Dehors, par terre. Un tuyau qui doit le gêner, lui, dans son nid. C'est chez lui. Il lui faudrait l'arracher, ce corps étranger. Elle s'agite, elle geint. Tout à coup une vague chaude dans son bras. Ça brûle et ça fait du bien. Un homme en blanc vient de passer, "elle se réveille, elle a mal". Elle se laisse emporter par la vague tiède qui gagne tout son corps. Elle s'endort.

Elle a posé ses mains sur son ventre. Elle a ouvert les yeux. Elle a tenté de l'imaginer, lui, si petit, qu'elle ne parvient plus à sentir bouger. Allongée sur le dos, des bribes de souvenirs lui reviennent à l'esprit. Quand cela pouvait-il être ? Que s'est-il passé au juste ? Des sirènes. Des faisceaux de lumière vive. Blanche, éblouissante. Des cris de panique. Ce bruit sur le métal. Et déjà la douleur, l'indescriptible douleur. Tout à coup, un frisson d'horreur. De peur. Elle a compris.

Elle est en vie, oui. Elle est en vie, mais pas lui.

Elle a posé les mains sur son ventre. Elle a refermé les yeux. Elle ne peut plus pleurer. Elle est brisée, vidée. Elle est comme une porcelaine brisée. Et lui, si petit... Ils ont eu si peu de temps. Trop peu de temps. Elle aurait voulu le toucher, elle aurait dû l'embrasser. Elle ne lui a même pas dit merci. Il lui a sauvé la vie.

Elle se souvient. Quand elle avait deviné, au début, tout au début, qu'il était fabriqué, elle avait paniqué. Pas désiré, pas programmé, mal tombé. Pilule oubliée. Le papa s'est dégonflé et s'est fait la malle, car elle voulait le laisser pousser. Le garder, quoi. Menaces d'avenir gâché, parents et copains catastrophés. T'es tarée, pas assez responsable, pas assez âgée, c'est trop tôt, t'es toute seule. Elle n'avait jamais hésité. Elle sentait qu'il fallait qu'il reste.

Puis il y a eu cette soirée, cette voiture qui a déboulé, le coup de volant dans l'abdomen qui aurait dû la tuer. Le foie, la rate, tout aurait dû être déchiqueté. Il s'est interposé, il a absorbé l'onde de choc. Fragile gardien, curieux destin.

Elle a ôté les mains de son ventre. Merci mon petit. Pour la vie.

Le café

Milieu de journée d'un milieu de semaine en milieu de mois. Rien de spécial. Pas de soleil, pas franchement de pluie, juste un petit crachin bien de chez nous. Un ciel banal pour une journée normale d'hiver breton.

Le bureau d'accueil, une liste de noms sur le cahier de rendez-vous. Déjà les trois quarts sont rayés : quatrième mois, sixième mois, re-quatrième mois, septième mois... C'est plutôt sympa, pas de soucis aujourd'hui. Que des mamans de bébés qui poussent bien, que des bébés de mamans qui vont bien. À peine parfois un kilo en trop, un peu trop de gâteau, une tablette de chocolat, un soda... Il faut bien que grossesse se passe. Un mal au dos qui traîne, une brûlure d'estomac qui gêne, bébé aura donc des cheveux. Grand-mère l'a dit. Reste un bébé qui gigote la nuit, coups de pieds dans les côtes, pas de traitement, désolée. Un mari qui ronfle... joker ! Champ de compétence dépassé. Allez, zou, un petit café, venez les copines, arrêtez de bosser, tout est propre, laissez donc sécher ! Me voilà obligée de faire preuve d'autorité.

Le café... Que serait la maternité sans le café ? Ce café-là, c'est d'abord une odeur, un appel. Le coup de clairon du rappel des troupes. En douceur. Plus encore, c'est un moment, un échange. Une pause, diront ceux qui ne font que passer, mais ce n'est pas seulement cela, le café. C'est le lieu où tout se passe. L'essentiel. Le moment des questions, des mises à jour, du bilan. Le moment où tout le monde se rejoint pour une réunion informelle, complémentaire du "staff" médical. On mélange les genres, les points de vue, les problèmes médicaux se complètent des histoires familiales, permettant à chacun de connaître les patientes de façon globale et complète. La qualité du café reflète la qualité du suivi des femmes, finalement !

Le médecin vient de voir Madame X. Il la trouve triste et agressive. Toujours mal quelque part, jamais satisfaite des réponses qu'on lui donne. Pourtant tout va bien. Quelle emmerdeuse ! Attends un peu... Elle est bien la sœur du plombier de la Grande Rue ? Ceux qui ont perdu un bébé à sept mois de grossesse il y a quelques années ? Eh bien voilà, elle a peur, c'est tout, il faudra juste en parler avec elle. C'est Mathé qui la voit pour sa prochaine échographie. Elle prendra le temps qu'il faudra pour désamorcer l'angoisse. C'est noté.

Autour du café.

Marie-Annick revient de la chambre de Madame F.

Le bébé a du mal à téter. Florence a essayé, Annie s'y est cassé le nez... Galère. Allez Blandine, à toi de jouer. On va recommencer, expliquer à nouveau, essayer d'autres positions. La maman est motivée, toute l'équipe va l'encourager. Il faudra du temps, de la patience. Tout ça, on trouvera, on s'organisera.

Autour du café.

Vous savez qui Sandrine a croisé chez le boulanger ? Madame C. ! À nouveau enceinte, a priori. Le petit dernier n'a que huit mois, et il est placé en famille d'accueil comme ses frangins, nous dit le pédiatre. On va le noter sur le dossier.

Autour du café.

Tout le monde y va de son refrain, de son expérience. Quand une femme arrive pour accoucher, nous la connaissons tous un peu. Le brassage de nos personnalités, de nos compétences, de nos sensibilités permet d'expliquer sans juger, de comprendre pour mieux accompagner. On voit, on dit, on râle, on explique, on contredit. On connaît, on réfléchit, on recherche, on discute. Moment privilégié sans hiérarchie, chacun est crédible et chaque avis est important. Ce patchwork humain cousu tranquillement, c'est le secret de la qualité et de la sécurité. Quoi qu'en disent les autorités.

Maintenant chacun retourne à ses activités. Ca fait du bien. Café moral, café social, café vital.

Euh... pour moi ça sera un thé !

La poupée

Je suis assise près de la couveuse, et je te regarde dormir. Poupée de porcelaine dans ton coffret de plexiglas. Tu es belle. Je savoure le spectacle de ton sommeil paisible, ta poitrine qui se soulève, ton ventre qui gonfle, dégonfle, gonfle, dégonfle, régulièrement, tranquillement, mécanique bien huilée. Les trois petites électrodes collées sur ta peau sont les seuls souvenirs du tumulte de ta naissance. Trois rubans de couleur oubliés sur une poupée nouveau-née, trois rubans branchés sur une machine qui dispense le bip-bip rassurant des battements de ton cœur, ritournelle bienfaisante, qui me berce et m'hypnotise. C'est drôle, cet état… C'est un peu comme une nuit de Noël, tard, très tard, une fois passée la frénésie de la fête, l'excitation, le cœur qui tape au rythme des lumières du sapin. Juste après cette folie, quand le calme est revenu, quand tout le monde est allé se coucher, bazar rangé, emballages brûlés, vaisselle lavée. Ce moment où on se retrouve seule face à son cadeau merveilleux, où on peut enfin s'arrêter, s'émerveiller, se prélasser dans le bonheur sans l'embarras des autres qui ne comprendraient rien à l'émotion simple et sereine de la contemplation. C'est pareil.

Je suis assise près de toi, posée là, fascinée. Le temps s'est arrêté…

Tu es née vite, Manon, très vite, trop vite. À peine le signal maternel donné, tu t'es précipitée. Seulement voilà, quand on est une petite poupée pas née, il vaut mieux prendre son temps pour arriver. S'habituer, se placer, pivoter, hésiter, s'engager, glisser, jouer, traîner, s'accommoder. Toi, Manon, tu as foncé tête baissée, et c'est seulement après que tu as hésité. Étonnée sans doute de toute cette violence. Choc de la naissance. Tellement étonnée que tu en as oublié de démarrer… Apgar zéro, on appelle ça. Pas de cœur, pas de couleur, pas de respiration, pas de tonus, pas de réaction. RIEN. Poupée de chiffon.

Branle-bas de combat. Chaque seconde compte. Je t'ai portée sur la table de réanimation. Même pas le temps d'embrasser Maman ! Quand c'est comme ça, il faut foncer, il faut y aller, vite, mais calmement, posément, sans tremblements. Et puis il ne faut pas affoler les parents, on revient dans un instant, elle a juste besoin d'un coup de main, on revient. C'est sûr, mon cœur tape un peu trop fort, beaucoup trop vite. C'est indécent quand on guette un seul des battements qui ne vient pas dans la poitrine qu'on tient dans ses mains… Mais chaque geste doit se faire doucement, avec souplesse et justesse. C'est tout petit, un corps d'enfant tout neuf. C'est fragile, ça se blesse facilement, si on ne dose pas. Permettre à la vie de réapparaître sans la forcer, sans l'esquinter. Allez poupée, pas le temps de traîner.

Je t'ai alors glissé un tuyau dans le nez. Jusqu'au fond de l'estomac. Beurk. Et puis j'ai aspiré. Et puis j'ai recommencé. L'autre narine, la bouche. Ça doit faire mal, très mal, mais tu n'as pas bronché. Bon sang, ça ne suffit pas. Tu es toute blanche, molle, sans vie. Rien ne se passe. Pas une mimique, pas une grimace en réponse à mes gestes. Pourtant la vie est là, derrière, tout près, je la sens. Il faut l'attirer, la charmer, la convaincre. Le stéthoscope vissé à mes oreilles reste muet. Toujours mon cœur à moi qui tape, n'importe comment, énervant. Partager mes battements. Lui filer. Tout et tout de suite. Je donnerais n'importe quoi pour entendre un bruit. Boum. C'est quand même pas difficile, c'est pas la mer à boire, tout le monde sait le faire, BOUM ! Fais un effort, bouge-toi !

Deuxième reprise. Masque en caoutchouc sur visage tout blanc. J'ai tiré ton menton vers le haut, ta tête en arrière, et j'ai balancé l'oxygène. Une, deux, trois, trois bouffées de vent de vie. T'as même pas réagi. Au bord du ring, ma copine trépigne. Elle est livide elle aussi. Elle guette un signe, ses lèvres tremblent. Je suis sûre qu'elle prie en dedans. On est prête à tout dans ces moments. La terre, le ciel, Dieu, Allah, Krishna, n'importe qui, n'importe quoi. Tout ça pour un cri. Juste une plainte, un geste.

Troisième reprise. Vas-y Manon, t'es la meilleure, démarre, vas-y nom de Dieu, défends-toi, c'est ta vie que tu joues là ! J'ai pris ton thorax dans mes mains, les deux pouces sur le sternum. Massage cardiaque. Petites pressions fermes et douces. Faut réveiller l'oiseau mais pas casser la cage. Elle est fragile, la cage. Ils sont tout fins, les os. Soudain, un frisson. Une sensation. Une impression. Boum. Je ne rêve pas, pourtant. J'ai entendu. Boum. Encore une bouffée d'oxygène. J'enlève le masque. Pour voir. Boum. Mes oreilles bourdonnent de joie. Boum… Boum. Ça cogne pour de vrai. Faiblement, oui, doucement, irrégulièrement, mais la vie est là. Juste à l'entrée, sur le pas de la porte. De ta porte. Vas-y Manon, accroche-toi, tu y es ! T'es cap, t'es la meilleure, respire, maintenant !

Ton thorax a commencé à se soulever. Enfin. Et puis ton cœur s'est régularisé. Une grimace. Un haut-le-cœur. Dégueu, votre truc. Mal à la gorge. Ça brûle. Et puis votre air, là, c'est froid, et la lumière… Bonjour l'accueil !

Je veux Maman, maintenant.

Nous, on est un peu secouées, chamboulées. Jambes en coton. Un café. Un chocolat. Deux, même.

C'est après ça qu'on a du mal à rentrer chez soi. On sort, on va faire un tour sur le port, on a envie de chanter, de crier, de raconter, d'embrasser les gens dans la rue… Et on se dit que même si on a pris dix ans en un rien de temps, que même si on est lasses, épuisées, on est contentes de faire ce métier.

Les yeux d'Anna

D'ABORD, IL Y A EU MES PARENTS. ILS ONT TOUT-BIEN RÉPONDU À MES QUESTIONS DE PETITE FILLE. C'est ainsi que j'ai appris qu'il fallait un papa, une maman et beaucoup d'amour pour commencer l'Histoire. Un câlin, un gros gros câlin comme juste les grands peuvent le faire, et hop ! Le papa met la petite graine dans la maman (avec son zizi, hi, hi, hi). Les petites graines de papa et de maman se plaisent, se mélangent et tout et tout, et deviennent un bébé qui grandit, grandit, grandit jusqu'au jour où il naît et commence sa petite vie de bébé.

Impeccable.

Curiosité comblée... Du moins, pour quelque temps.

Ensuite, il y a eu les profs.

Ils ont tout-bien répondu à mes questions d'adolescente. C'est ainsi que j'ai appris comment se fabriquent les gamètes mâles et femelles, de quelle magnifique manière ils fusionnent pour former un œuf, j'ai découvert et potassé les schémas de multiplication et de différenciation cellulaires, j'ai dessiné les cellules en division, prophase, métaphase, anaphase et télophase. J'ai gravé dans ma tête ces nouveaux mots qui allaient m'accompagner toute ma vie : trophoblaste, embryon, utérus et j'en passe... Le processus incroyablement calé, minuté, millimétré qui mène deux cellules à un être vivant autonome.

Implacable.

Et pourtant quelque chose manquait. Tout était trop parfait. Cette succession de hasards aromatisés aux hormones… Sans doute fallait-il que j'aille voir tout cela de mes yeux. Histoire d'en avoir le cœur net. Entre fascination, scepticisme et curiosité.

Alors il y a eu les embryologistes.

Ils ont tout-bien répondu à mes questions de sage-femme en devenir. J'ai ainsi opté pour la fascination curieuse, découvrant la perfection du calendrier de l'embryogenèse. J'ai étudié la transformation magnifique des cellules, leur organisation en ébauche d'organe vital, dans le moindre détail.

Inattaquable. J'ai bu les paroles des “grands”. Et j'ai adoré cela.

Finalement, de l'un à l'autre, d'étape en étape, j'ai compris qu'il y avait consensus sur le sujet. J'ai donc décidé d'y adhérer.

Chaque naissance restait tout de même bouleversante. Magique. Mystérieuse. Étrange. 46XX ou 46XY, un amas de cellules harmonieusement agencées. Le vertige… Une telle perfection, conjonction d'infinité de hasards. C'est dur à avaler, même en étant témoin visuel de chaque étape ! Microscopes électroniques, tubes de fécondation in vitro, blocs opératoires, échographies précoces. Ben oui, c'est vrai, j'ai VU. La rencontre, la fusion, la multiplication cellulaire, la migration de l'œuf. Tout ça. Le tube qui ébauche le cœur, les premiers battements, les membres qui bourgeonnent pour finalement éclore, comme ça, pouf. Oui, j'ai vu tout ça, de mes yeux. Parole. Et puis l'apothéose, la cérémonie, la naissance. Être témoin du temps T zéro de l'arrivée, du début, du commencement. H zéro, J zéro. Le début, quoi. Sensation indescriptible du “j'y étais”. LE moment.

Et puis, un jour, il y a eu Anna.

L'accouchement se présentait bien, progressait normalement, tranquillement. On était à Paimpol, dans cette maternité calme, respectueuse du rythme que la physiologie engendre. Des contractions, une progression lente du bébé dans le corps de sa mère. Miraculeuse banalité du processus. Simplement. Puis le moment vint pour l'enfant de sortir au monde extérieur. J'ai accompagné du bout des doigts la tête du nouveau-né. Comme souvent, son visage était tourné vers l'arrière. Normal. J'ai poursuivi mon rôle, aidé sa tête à pivoter pour se dégager. C'est alors que ses yeux m'ont captée. Son regard ne m'a plus lâchée. J'ai guidé ses épaules puis le reste de son corps, tandis que son regard restait fixé au mien. Ce regard… Profond, puissant, tellement troublant que je ne pouvais m'en détacher. Ce regard si intense inspirait le respect, comme si le petit être qui me le prodiguait, essayait de me transmettre des siècles de savoir, de sentiments, d'émotions. Anna ne pleurait pas, ne criait pas, elle me fixait juste comme ça. Cela va certainement vous paraître absurde, mais je l'ai tenue à bout de bras, m'obligeant à m'agenouiller. Déférence envers un regard censé découvrir le monde, mais qui semblait en connaître tellement, tellement plus que moi à cette heure.

Je n'ai jamais voulu croire en autre chose qu'en la biologie. Un être au-dessus, un dieu, un esprit ? Très peu pour moi. L'hypothèse des multiples vies, du "quand y'en a plus y'en a encore", genre "game over. Play again !", Ça m'a toujours fait rigoler. J'ai toujours pensé qu'on arrive là par un coup de bol, qu'on passe, et qu'on arrête. Quand c'est fini, c'est fini. Retour au néant.

Les yeux d'Anna ont tout changé. Non, je n'ai pas commencé à croire. J'ai juste cessé de ne pas croire.

DEUXIÈME ÉPOQUE

AUTRES RIVAGES

PREMIERE FOIS **PAIMPOL** UN X SANS Y **ROUDOUDO**
ET TAGADA ELISE A ACCOUCHE **POESIE** CHAN
MARTA CHANTE **PLEINE LUNE** COUP DE SANG
DANSE DE L'ORAGE PORCELAINE BRISEE **LE CAFE**
POUPEE **LES YEUX D'ANNA** AUTRES RIVAGES
TABLEAU LE LUTHIER **LE MIRAGE** MAUVAISE GRAI
L'AMNIOCENTESE LA MONTRE **J'ETAIS AILLEU**
POST-SCRIPTUM **BONNE ANNEE PREMIERE FO**
PAIMPOL **UN X SANS Y** ROUDOUDOU ET TAGA
ELISE A ACCOUCHE POESIE **CHANTE MAR**
CHANTE PLEINE LUNE **COUP DE SANG** LA DANSE
L'ORAGE **PORCELAINE BRISEE** LE CAFE **LA POUP**
LES YEUX D'ANNA **AUTRES RIVAGES** LE TABLEAU
LUTHIER LE MIRAGE **MAUVAISE GRAI**
L'AMNIOCENTESE **LA MONTRE** J'ETAIS AILLEURS **POS**
SCRIPTUM BONNE ANNEE PREMIERE FOIS **PAIMP**
UN X SANS Y **ROUDOUDOU ET TAGADA** ELISE
ACCOUCHE **POESIE** CHANTE MARTA CHANTE **PLEI**
LUNE COUP DE SANG **LA DANSE DE L'ORA**
PORCELAINE BRISEE **LE CAFE** LA POUPEE **LES YEU**
D'ANNA AUTRES RIVAGES **LE TABLEAU** LE LUTHIER
MIRAGE MAUVAISE GRAINE **L'AMNIOCENTESE**
MONTRE **J'ETAIS AILLEURS** POST-SCRIPTUM **BON**
ANNEE PREMIERE FOIS PAIMPOL **UN X SANS**
ROUDOUDOU ET TAGADA **ELISE A ACCOUCHE** POE
CHANTE MARTA CHANTE PLEINE LUNE **COUP**
SANG LA DANSE DE L'ORAGE **PORCELAINE BRISEE**
CAFE **LA POUPEE** LES YEUX D'ANNA **AUTR**
RIVAGES LE TABLEAU **LE LUTHIER** LE MIRAG
MAUVAISE GRAINE L'AMNIOCENTESE **LA MONT**
J'ETAIS AILLEURS **POST-SCRIPTUM** BONNE ANN
PREMIERE FOIS **PAIMPOL** UN X SANS Y **ROUDOUDO**
ET TAGADA ELISE A ACCOUCHE **POESIE** CHAN
MARTA CHANTE **PLEINE LUNE** COUP DE SANG
DANSE DE L'ORAGE PORCELAINE BRISEE **LE CAFE**
POUPEE **LES YEUX D'ANNA** AUTRES RIVAGES
TABLEAU LE LUTHIER **LE MIRAGE** MAUVAISE GRAI
L'AMNIOCENTESE LA MONTRE J'ETAIS AILLEURS **POS**
SCRIPTUM BONNE ANNEE PREMIERE FOIS **PAIMP**

Le tableau

ILS SONT JEUNES, ILS SONT BEAUX, ILS SONT TROIS. DEPUIS PEU, C'EST VRAI. LEUR BÉBÉ EST NÉ IL Y A DOUZE HEURES À PEINE.

Quand je suis entrée dans cette chambre, j'ai été happée par un flot de bonheur. Un tableau. Oui, c'est ça, un tableau fait de touches subtiles et de couleurs pastel, un poème grandeur nature.

Tout d'abord, le décor. Une grande maison, belle, si belle... Toute de pierres anciennes patiemment ajustées, que le temps a habillées d'un épais tricot de lierre. Les grandes fenêtres, percées dans la façade, veillent de leur regard tranquille et maternel sur la nature exaltée de ce printemps ensoleillé. La bâtisse est posée au milieu d'un océan de verdure, inondé d'odeurs fraîches, de couleurs de printemps, de chants d'oiseaux. Même le vent nous a accueillies de sa caresse douce et tiède lorsque nous sommes descendues de la voiture, Jacqueline et moi. Le bleu du ciel entre les feuillages vert tendre, le souffle léger portant la mélodie des chants, les cerises gorgées de soleil, autant d'étoiles scintillant de leur éclat rouge grenat... Utopie. Rêve. Paradis.

Jacqueline ouvre la marche. C'est la sage-femme. Elle a accompagné Camille et Étienne tout au long de cette journée, Leur journée, alors que leur bébé se préparait à pointer le bout de son nez. Ensemble, ils ont passé de longues heures à marcher dans la nature, à parler, à se taire, à partager leurs regards ; elle a guidé leurs pas, ouvert la porte à leurs désirs, adouci leurs craintes, partagé leur bonheur. Puis elle a accueilli l'enfant, s'est éloignée, les a veillés, écoutés, bercés.

Petit paradis. Jacqueline ouvre la porte de ce Temple d'Angkor égaré hors du temps. Une cour ombragée, des rires d'enfants qui jouent. Tout autour, des fleurs, des morceaux de bois, un chat qui se prélasse dans la douceur d'un rayon de soleil qui filtre au travers des feuillages. Éden. On y croit à peine.

On monte l'escalier de la grande maison, on entre. Bonjour. Une femme nous salue, c'est elle qui vit ici. "Ils sont là-haut, dans leur bulle, ils n'ont pas bougé depuis hier soir"... Elle, elle a prêté une chambre de son palais au jeune couple pour la venue au monde de leur enfant. Eux, ils habitent en haut, loin dans la montagne, trop loin de chez Jacqueline. Deux heures de route au moins. Alors aux premières sensations, ils sont descendus dans le nid douillet, ils ont posé leur sac, investi les lieux. Là, vraiment, ils se sentent comme chez eux. Et Étienne peut être là, je veux dire vraiment là, avec eux, tout contre eux, sans chapeau, sans masque bleu, sans "poussez-vous Monsieur, le personnel fait pour le mieux"...

En haut, sur le palier, Jacqueline n'a pas frappé. Elle a effleuré la porte. D'ailleurs, "frapper", chez elle, ça ne peut pas coller. Tous les mots pour l'imaginer doivent glisser, onduler, caresser. Sa voix, ses yeux, ses gestes. Une grande caresse déguisée en femme, vous voyez ?

Elle a poussé la porte, doucement. Elle a passé la tête, prudemment. Elle a envolé son sourire dans l'air tiède de la chambre endormie. Nous sommes entrées.

C'est là que le tableau m'a saisie. Tant de bonheur en une bouffée, ça fait presque suffoquer.

Dans le fond de la pièce, blotti dans un grand coussin, le papa. Tout contre lui, peau contre peau, son petit poussin. Moi, je n'ose pas respirer. De peur de déranger, de peur de tout gâcher. Ne pas bouger. Mon cœur qui bat trop fort n'est pas dans le bon ton. Trop de couleurs sur ma palette. Ils sont trop beaux, trop chauds, Jacqueline est trop forte, trop sereine, trop belle aussi. J'ai le vertige. À l'instant où il l'a vue, il a souri... Mais pas d'un sourire connu, déjà vu, un sourire beaucoup plus souriant, un sourire d'une autre planète. D'une planète verte et bleue, où le miel coule en ruisseau, où ça sent le printemps, où on a envie de naître et de mourir aussi. Pour se fondre dans le tableau. Pour se lover dans le pinceau. Il ne dit rien. Elle répond d'un regard.

La jeune maman sort de son bain. Bon sang, qu'elle est belle elle aussi ! Une peau hâlée, un visage doux, reposé. Son corps est lourd de la vie qu'elle vient de donner. Elle va s'allonger. Bébé va téter. Peut-être, s'il veut. Jacqueline veille toujours, sa présence enveloppe la scène d'un voile de velours, de force et de sérénité. Elle conseille sans dicter, sa voix est juste bien placée, ses paroles exactement déposées. Ça semble tellement simple... pourtant l'alchimie est tellement compliquée.

Jacqueline passera ainsi, deux fois par jour, distiller son sourire, sa douceur, son savoir. Aider la maman, conseiller ; un œil sur bébé, la tétée. Dosage finement ajusté de rigueur, de douceur, de respect de l'intimité et de l'expérience partagée. Quand la maturité attise la passion, l'étincelle qui jaillit derrière les paupières est si vive... Dans mon coin, moi, j'ai ouvert les portes, toutes les portes. Ne rien rater, tout observer. Les gestes, les paroles, tout m'est enseigné. Le cadeau est immense, précieux.

À présent, il faut s'en aller. La vie est née, couleurs posées, teintes ajustées. Jacqueline va pouvoir s'effacer, replier son chevalet. Elle met un dernier coup de pinceau, et son sourire signe le tableau.

Elle sait faire vivre la lumière, elle sait parler, elle sait se taire. Elle sait rendre à l'éternité l'éphémère explosion du bonheur. C'est une fée, c'est une artiste. Elle est sage-femme... impressionniste.

Le luthier

JE SUIS ENTRÉE CHEZ LE LUTHIER. C'EST UN JOLI MOT, LUTHIER. LUTHIER. LUTHIER. ÇA FAIT RÊVER. Je suis entrée chez le luthier. Je n'y aurais jamais pensé à entrer dans cet atelier, avant. Mais voilà qu'il y a un an, mon enfant a eu un coup de foudre. Je veux apprendre le violon pour jouer les quatre saisons. Ouais, moi, je veux faire ça. Un an après, l'obsession étant toujours là, je suis entrée chez le luthier, pour chercher le violon de Noé.

Face à la porte. La main sur la poignée. Drôle de frisson. Drôle de vertige. J'ai le trac, et je ne sais vraiment pas pourquoi. Un peu hésitante, je finis par entrer. Pas rassurée, impressionnée. Tout est calme. Je faufile mon regard par la porte entrebâillée de l'atelier ; des violons alignés, allongés délicatement, semblent se reposer. Ça doit être l'heure de la sieste. Sieste de violon, sommeil de bois sur un oreiller de velours, doux, tout doux. L'émotion me monte à la gorge. Hypnotisée par tant de beauté, j'ose tout juste respirer, pointe des pieds, même les pensées sont chuchotées. Tiens... Comme à la maternité.

Envie de toucher. Besoin de caresser, du bout des doigts, la joue d'un violon assoupi. Mais je n'ose pas. Je n'approche pas. La porte grince. Voilà le luthier. Il est comme je l'imaginais. Geppetto. Cheveux gris, blouse blanche, lunettes demilune à la pointe du nez. Je suis venue chercher le violon de Noé. Il baisse le nez, me toise un moment par-dessus ses lunettes, méfiant. Le violon de Noé... Oui, je vois, je vais le chercher. Il fait volte-face, et disparaît à nouveau par la porte entrebâillée. Au fond de la nursery. Ils paraissent tous identiques, et pourtant, lui, il va LE chercher. LE violon de Noé.

Un petit écrin vert foncé, qu'il pose délicatement devant moi... Le voilà. Je vais être présentée. Émerveillée. Tout petit sur son matelas de velours. Cette fois, je ne peux retenir ma main. Le toucher. Du bout du bout de mes doigts hésitants, je caresse sa joue vernie. Frisson. Je reconnais cette émotion. C'est étrange, c'est exactement la même. L'objet respire sous mes doigts. Regard au-dessus du berceau. Que vivras-tu, toi ? Quelle sera ta vie, désormais ? À ton réveil, dans ses mains, chanteras-tu, pleureras-tu, t'éveilleras-tu autant que tu le mérites ? Loto de la vie... Dis, petit, que sera ta vie ? Passion ou simple souffre-leçon ? Prince ou tâcheron ? Heureux ? Malheureux ? Tout est là, dans ce berceau d'émotion, tout est là, et seul l'avenir le dira.

Le luthier l'a confié à Noé. Pour l'adopter. Le luthier l'a aidé à être, l'a guidé, l'a couché, là, dans son écrin de velours. Plein d'amour. Et maintenant, le luthier l'a lancé dans la vie, vie de violon, nouvelle maison, il est sorti de sa maternité. Il sera peut-être aimé. Peut-être seulement utilisé. Le luthier m'a tout expliqué, pour le choyer, bien le soigner... Mais maintenant, il faut chuchoter, surtout, ne pas le réveiller.

En fait, avec le luthier, on fait un peu le même métier : accompagner, caresser, aimer, confier, s'inquiéter, pleurer. Et surtout écouter, rêver, rêver d'après, à “qui sait...”. Pourquoi on cherche, pourquoi on crée, le masculin est tout trouvé. Sage-femme, en garçon, c'est luthier.

Le mirage

ELLE EST JOLIE, SISSY. LES TRAITS FINS, LE TEINT NOIR ET DORÉ. UNE BELLE SCULPTURE D'ÉBÈNE DANS UNE ÎLE LOINTAINE. Elle s'ennuie, Sissy. Elle survit tout juste, à l'étroit dans son île où tout espoir se fracasse contre la barrière de corail. Et au-delà, de toute façon, les requins se chargent de ceux qui s'aventurent trop loin dans l'espoir. S'en sortir. Elle en rêve, Sissy. Sortir d'ici pour vivre mieux, pour rêver plus grand. Un homme, un prince qui l'emporterait au-delà de l'océan, chez les Blancs qui mangent tous les jours, plusieurs fois, qui ont des voitures, des télévisions, de l'argent. Elle les a vus, ici, les Blancs de là-bas. Certains sont gentils. Ils paient le restaurant et te donnent un tee-shirt et du parfum pour caresser ta peau. Elle en a rencontré un, un jour, Sissy. Il était doux et attentionné. Il n'est pas revenu la chercher pour se marier. Il a dû oublier.

Un soir, un homme d'ici est venu la trouver. Tu veux partir, Sissy ? Tu peux essayer. Une photo, juste une photo. Et ton âge, aussi, et ta parole que tu n'as pas d'enfants ici. Tu signes là. Je viendrai te chercher si ça mord.

Un peu plus tard, l'homme est revenu. Un Blanc désire t'épouser. Tu peux t'envoler pour la France dès que les papiers sont faits. Dans un avion, un vrai, comme ceux qui déchirent ton ciel si souvent. Enfin. Elle l'a, son billet pour le paradis.

Château-Gontier, Mayenne, 10 mois plus tard.

Sissy est dans son lit à la maternité. Encore meurtrie de cette longue nuit. Sa petite fille est couchée dans son berceau à côté. Elle dort. Sissy a mal partout, mais elle ne dit rien. Elle supporte bravement les interventions des médecins et des sages-femmes. Elle n'a pas de chance, ils disent tous. Une épisiotomie à cause d'un forceps raté, puis une césarienne, pour finalement extirper son bébé de son ventre. Il a fallu aller la chercher, la petite. Futé, le bébé. Pas pressé de rencontrer sa terre d'accueil… Sissy, elle, elle s'en fout. Elle est au chaud, dans un vrai lit, avec des vrais repas qui l'attendent pour la semaine à venir. Il y a même une salle de bains, avec de l'eau qui coule du robinet. Même qu'elle est chaude, l'eau, quand elle vient sur ses mains. Il y a juste sa mère qui lui manque, et ses sœurs. Pour faire tout ce qu'il faut faire quand on vient d'accoucher. Ici rien n'est pareil, mais bon… Les femmes en blanc sont gentilles, et son bébé va bien.

Louis aussi a été gentil, cette nuit. Il est resté près d'elle presque jusqu'au bout. Après il a dû rentrer pour la traite, les vaches, c'est sacré. C'est à ce moment là que la petite fille est née.

Louis, c'est son mari, le papa de son bébé. Le Blanc de l'autre côté de l'océan qui a demandé à l'épouser. C'est vrai, ce n'était pas ce qu'elle attendait… Il ne ressemblait en rien à son Blanc d'autrefois, celui qui l'avait oubliée sur son île. Louis est assez âgé, vingt-cinq années de plus qu'elle. C'est pas grave. Louis, c'est vrai, n'est pas vraiment séduisant. On est comme on est. Il n'est pas désagréable quand il n'a pas trop bu. Louis vit dans une ferme, dans un tout petit village de Mayenne. Sa ferme elle-même est toute petite, et il y vit avec sa mère. Une femme âgée qui n'avait guère vu de négresse qu'à la télé. Elle n'a pas trouvé Sissy jolie. Trop colorée. Pas convenable, le choix de son fiston. Mais le fiston n'avait plus grand espoir de s'assurer une descendance à sa hauteur. J'entends par-là à sa couleur.

La vie dans la ferme n'était pas non plus le rêve escompté. Pas de chauffage. Pas d'eau courante. Une bassine dans la salle de traite pour se débarbouiller. Loin, le paradis rêvé. Et sa peau noire tant recherchée par les Blancs là-bas devenait tout à coup comme un fardeau blessant. On la regardait comme une bête curieuse, ici. Que des vieux. Hostiles.

Il y a eu une bouffée d'oxygène quand les services sociaux sont passés. Une sage-femme gentille qui l'a emmenée faire des courses pour le bébé à venir, et qui a confirmé que l'habitation n'était pas… conforme, qui a même essayé de motiver le patron pour entreprendre quelques travaux, en vain. Cette femme lui parlait normalement, comme à une femme, ça faisait du bien, ça faisait longtemps.

Nous, on a papoté un moment, dans sa chambre à la maternité. Au sujet de son île où j'avais eu la chance d'aller, au sujet de sa solitude dans le froid mouillé du paradis avarié. Elle a dit que la vieille et le mari vont passer ce soir… Ils vont craquer, c'est sûr, et la beauté pain d'épice du petit bébé va les émerveiller et les décider à rendre salubre la maison. J'en mettrais ma main à couper…

Je les ai vus le soir, la vieille et le mari. Ils sont venus. Ils se sont penchés sur le berceau. Ils se sont regardés. Quel dommage qu'elle soit si foncée…

Mauvaise graine

IL ÉTAIT UNE FOIS UNE MAMAN DE MAINTENANT... Une maman bien dans son temps, une maman "bien", socialement parlant. Un bon boulot, une maison cocon, une voiture sûre, et même le papa pour parfaire le tableau ! Cependant, Papa et Maman, ils ne le sont pas encore. Pas le temps jusqu'à maintenant. Une carrière à mener, des sous à placer, le bus à attraper, une réputation à forger, la maison à payer... Et puis, le temps ayant passé, le sablier bien écoulé, ils se sont dit qu'il manquait l'héritier. Normal. Alors, ayant tout calculé pour bien tout préparer, ils se sont mis à avoir envie d'avoir un bébé. Évidemment, ils sont pressés. Faut pas oublier qu'ils sont bien ancrés dans la société. Et dans la société d'ici et de maintenant, on est pressé. Normal, banal. Time is money, il paraît. Sitôt décidée, sitôt fécondée, sinon, c'est pas bon. Il faut le trait bleu dans la fenêtre blanche de la pipette-pipi aussitôt dit. Mais voilà... Deux mois, trois mois, ça ne marche pas... Est-ce la faute à papa qui n'assure pas, ou celle à maman qui ne fonctionne pas ? On stresse beaucoup, on s'engueule un peu. C'est forcément pas la faute à rien, à c'est comme ça, à attends donc tranquillement que l'idée se transforme en bébé. Pas le temps. Alors bien sûr, médecin, médicament, et vlan. Trois cachetons, deux injections, ouf, pas trop perdu de temps.

Rapidité, rendement, rentabilité,
la mécanique est bien huilée.

Petit à petit, le ventre de maman s'arrondit, mandarine, pamplemousse, pastèque… De jour en jour, de mois en mois. On ne sait pas encore accélérer le processus, mais ça viendra, ne vous en faites pas. Bien évidemment, le stress est permanent et persistant : kilos en trop, mal au dos… Même si c'est la faute aux hormones (ils l'ont dit dans Cosmo), le rendement baisse. À l'échographie, le toubib fronce les sourcils. Bébé trop petit, pas trop trop, mais quand même, il n'est pas dans le milieu des courbes. Et ça, les courbes, elles savent ce qu'elles disent. Même l'ordinateur qui a estimé le poids du bébé, il a clignoté, presque buggué. Et le toubib, il a toussé. Le spectre du danger a plané. Pas dans les courbes de référence… C'est insensé, papa et maman, ils sont dedans, eux, au beau milieu, rien qui dépasse. Grain de sable dans l'engrenage. Il y a bien la maman de maman qui a tenté de relativiser… “tu ne pesais que deux kilos cinq cents, quand tu es née, et tu as bien poussé après…” Pff… Pas le temps de l'écouter, pas diplômée, pas labellisée. On lui a répondu que l'ordinateur a clignoté, presque buggué, que le docteur a toussé, et que c'est lui qui sait.

C'est vrai, quoi, à la fin.

Alors on a commencé à surveiller de près. Deux fois par semaine à la maternité, gros établissement conséquent, cité dans la liste des autorisés à fonctionner. Garanti labellisé sécurité. Un peu fatiguée, maman. Embouteillages pour arriver, embouteillages pour rentrer. Et c'est pas tout près. Un peu stressée, maman. Cœur de bébé guetté, tour de tête mesuré, remesuré, prises de sang repiquées, dopplers, examens complémentaires… Rien. Sur les papiers, les comptes rendus, tout va bien. A part les courbes. Et pour cela, les statistiques sont formelles, le danger reste confirmé. Elle, elle voudrait être rassurée, savoir ce qui va se passer, oui mais voilà, personne n'a le temps. Coup de vent. On voudrait bien vous expliquer, mais comprenez, l'activité… On est dans un établissement labellisé-sécurité, informatisé, numérisé, alors parler, c'est dépassé. Rentabilité, rendement, rapidité. On n'est pas embauchés pour bavarder, il n'y a pas de cotation pour cette activité. Croyez-nous, nous on sait, on veille, on surveille, on intervient, vous êtes en de bonnes mains.

Bébé petit mais qui va bien, on veille au grain.

Merci Docteur.

Alors le temps passe comme ça, on ne perd pas le rythme, on reste actif, vif, à l'affût. Mais neuf mois c'est vraiment trop long… C'est "avant" qu'on perdait tout ce temps. Dans le temps où on avait le temps. Avant l'ère du rendement. Tous les bons scientifiques sont d'accord : huit mois et une semaine ça suffit. Le reste du temps est superflu, et ça coûte cher à la Sécu. En plus pour la maman c'est ennuyeux, on attend, on perd du temps, pour le papa c'est pas facile, faut être joignable et disponible au cas où… Non, vraiment, objectivement, neuf lunes, c'est périmé. Sans compter qu'on risque de lui donner des mauvaises habitudes, au bébé, à se prélasser, se laisser bercer. On en a même vu qui suçaient leur pouce. Non, c'est mieux pour tout le monde, vraiment. Et dehors on pourra le surveiller, le prélever, l'analyser. Trois semaines de gagnées.

Rendement, rapidité, rentabilité, sécurité. Pigé ?

Rendez-vous le lendemain matin, valise à la main, bien à jeun. Beaucoup de boulot ce matin. On ne voit pas vraiment les gens, ils n'ont pas le temps, malheureusement. Mais c'est le prix à payer pour la sécurité.Alors on ne va pas traîner, on n'est pas là pour rêver ! Maman est allongée, perfusée, stimulée et anesthésiée.Vive le progrès et la sécurité. Quand on pense qu'avant on parlait, on souriait, on touchait. On criait, même parfois il paraît ! Pauvres mamans d'avant, honteuses mamans d'avant. Là au moins, on garde sa dignité, on ne sent rien, on se contrôle bien, on peut même regarder la télé. Et puis on a eu le temps de s'organiser. Papa ne perd qu'une journée d'activité, les clients n'en pâtiront pas. Rentabilité. Le docteur a dit qu'en commençant tôt, ça se terminerait tôt. Comme ça toute l'équipe est là, la sécurité est assurée, le service optimisé.Vive la société.

Bébé brusqué, pardon stimulé, ça va foncer. De toute manière il faut l'habituer.Arrivée dans la société dans la sécurité et la rentabilité. Bien barré. On y est presque. Il traîne un peu, c'est agaçant. Il ne lui reste qu'à descendre vers la lumière, hors de maman, et voilà que lui, il hésite, il prend son temps. Il descend tout doucement. Ça ne va pas mon grand, ne fais pas l'enfant.... Il y en a d'autres qui attendent, il va falloir arrêter de traîner.Alors, on va le chercher. Oh, rien d'important, un petit forceps pour l'aider à se presser. Maman est anesthésiée, ce n'est qu'une formalité, et ça sera toujours ça de gagné. Une demi-heure, peut-être plus. Vous avez de la chance, le médecin est disponible momentanément. Profitons-en ! Vous allez accoucher dans la sécurité, vous pouvez vous féliciter d'avoir choisi un établissement labellisé. Votre enfant est gâté vous savez.

Bébé à peine arrivé, on file pour le nettoyer, le peser, le mesurer, le répertorier, l'habituer à vivre en société, dans la légalité. Maman, elle, elle voudrait bien voir son enfant, le toucher, l'embrasser. Et surtout être rassurée. Trop petit ? mais non Madame, juste dans les normes. Parfois les courbes sont alarmistes, mais il vaut mieux trop surveiller que pas assez, vous savez ! Vous l'aurez dans les bras, mais après, d'abord les gens diplômés, autorisés à examiner. Les caresses c'est secondaire, cet item n'est pas à cocher dans le dossier, t'as qu'à voir si c'est dérisoire !

Biberon gradué pour continuer, dix millilitres pour commencer. Tout le reste ? On jette. Le biberon avec. Matériel sophistiqué, parfaitement adapté à la rentabilité. Loi du marché. Toutes les quatre heures faut faire le plein, montre en main.

C'est pas le tout, mais ça fait trois jours qu'il est né. Il faut se lancer, il faut y aller. C'est que ça coûte cher à la journée, la sécurité. Et surtout ça pousse derrière, la chaîne de la naissance a continué à défiler, chacun son tour, faut pas traîner. C'est plus l'heure de se faire dorloter, on est des gens civilisés !

Rentabilité, rapidité, rendement.
On va finir par s'habituer.

Maison. Couches, lessives, stérilisation, dépression. Mal aux fesses, mal aux reins, peur au ventre, je sais pas faire, mauvaise mère. Bébé pas cool, pas dans le moule (encore !), il comprend rien. Eux, ils savent, et ils ont dit toutes les quatre heures : et glou, le rot, caca, pipi, gouzi-gouzi. Sauf que lui, toutes les deux heures, des cris, du dégueulis, il veut les bras, entre les seins, calé, calmé… Maman ne peut quand même pas passer son temps comme ça, allongée, à cajoler son bébé ! Perte de temps, baisse de rendement. Ce gosse, il fait rien comme les autres, mauvaise pioche. Il dort le jour, il braille la nuit, n'aime pas son lit. Vite, un psy. Faut qu'il s'y fasse, faut qu'il comprenne, à son âge : rentabilité, rapidité, rendement, c'est pourtant pas compliqué !

Et puis c'est pas fini, et puis ça continue. Réveil six heures pour la crèche, il a du bol, il a une place. Et lui ? il fait encore la gueule. Pourtant il a de la chance, le personnel est diplômé, l'établissement des mieux cotés. Sécurité, normes respectées. En plus il est en retard pour marcher. Treize mois. Assis par terre. Et un air de dire non, j'irai pas ! Il préfère les bras. Il est bouché. Les autres, ils courent, comme on leur a montré. Il ne comprend toujours pas les mots-clés de sa société.

Si ça se trouve, il va jouer à la poupée, répètera pas ses mots d'anglais, et ne saura pas empiler les cubes dans le laps de temps qui lui sera imparti. Mal barré pour la rentabilité. Pas de place dans la société. Peut-être même qu'il n'aimera pas le foot, qu'il ne montera pas sa start-up, qu'il ne sera ni consultant ni représentant... Pauvres parents. Encore un coup de la génétique, un grand-parent déficient ou un gène mutant. Si on savait, on attaquerait. Il va falloir se résigner, la mauvaise graine a germé. Voilà maintenant qu'il aime le vent, la peinture et même la nature. Il regarde à peine la télé, et il rêve de voyager. Il faut se rendre à l'évidence, il n'a jamais pu imprimer, la trilogie de la société a trébuché. Que va-t-il faire de sa vie ? Sage-femme de proximité, ça te dit ?

L'amniocentèse

MONOLOGUE

C'EST VRAI QUE VOUS NE LE VOYEZ PAS, C'EST VRAI QUE VOUS NE L'ENTENDEZ PAS, C'EST VRAI QUE VOUS NE LE SENTEZ PAS, VOUS. Mais moi, moi, je le vois, je l'entends, je le sens tout le temps. Il est dans moi, il est moi. Et ça fait quatre mois et demi déjà qu'il est là, dans mon ventre. Dix huit semaines, cent vingt six jours. Quatre mois et demi à penser à lui tous les jours en me réveillant, en me levant, en vivant. Tous les matins à me demander si je n'ai pas rêvé, si c'est bien vrai, si j'ai vraiment réussi à fabriquer de la vie. Tous les matins à me dire que oui, c'est vrai de vrai. Quatre mois et demi à parler à mon corps, à caresser mon ventre pour le caresser lui, petit, dans moi. Tous les jours de profil devant la glace à guetter un signe de sa présence sur ma silhouette, une ébauche de rondeur nouvelle. Même vomir ça me plaît. C'est comme s'il me disait "je suis là, je vis !"...

Hier, je n'ai pas vomi. J'avais passé toute la nuit à me persuader qu'il n'est pas un bébé, pas encore, pas assez, que ce n'est qu'un brouillon raté, qu'ils vont le jeter pour non-conformité... Du coup, je n'ai pas vomi. C'était atroce. Comme s'il se cachait, comme s'il se rendait, comme s'il abandonnait. Oublie-moi, semblait-il dire. Tu ne me veux pas ? Alors laisse-moi, je m'efface, je me cache. J'ai cru devenir folle. Tu me croiras si tu veux, tu sais ce que j'ai fait ? J'ai enfoncé mes doigts dans ma gorge jusqu'au haut-le-cœur, jusqu'à vomir, jusqu'à avoir mal. Reviens, je criais dans ma tête. Je te veux, moi, ce sont eux qui me font douter, ce sont eux qui disent qu'il faut vérifier, que tu n'es peut-être pas régulier, pas conforme. Moi je ne sais pas, je ne sais plus quoi penser, qui croire. C'était trop tôt pour douter, pour te faire passer du rêve à la réalité. Je n'étais pas prête, pas encore. En un coup de fil, ils ont brisé le rêve.

Tout au début, quand je n'ai pas vu mes règles arriver, j'étais folle de joie. J'y avais tellement rêvé, à ce moment. Le moment où ça deviendrait réalité. J'allais sans cesse aux toilettes pour voir si je ne saignais pas... Je ne disais rien à Mikaël, de peur d'attirer la poisse. J'avais fabriqué plein de superstitions bizarres, du genre : si je vois trois voitures rouges passer, c'est que c'est bon, et des tas de conneries comme ça. Une vraie gamine ! Et puis il y a eu une semaine de retard, dix jours, alors j'ai acheté un test à la pharmacie. J'ai fait pipi sur la petite éprouvette, je l'ai laissée posée dans les toilettes et je suis allée faire le tour de la maison pour attendre les trois minutes. J'avais le cœur qui tapait ! Dans le fond, j'étais sûre du résultat, je le sentais bien, mais j'avais besoin de le lire, d'avoir la confirmation extérieure. On est bête, quand même, incapable de se faire confiance, d'écouter nos sensations intimes. Bref, je suis revenue dans les toilettes, le cœur qui battait la chamade, qui résonnait jusque dans mes oreilles, mes tempes. J'ai pris le petit bâton de plastique en tremblant et j'ai VU. Un trait rose. J'ai relu une bonne quinzaine de fois la notice. J'étais enceinte pour de vrai, c'était écrit là, devant moi.

C'est à partir de ce moment-là que j'ai commencé à parler à mon ventre. Et puis j'ai regardé un bouquin pour voir, bon... Quatre semaines environ, c'est petit petit ! Je m'en fichais. J'ai rangé le livre et j'ai continué à parler à mon ventre. Toute la journée. Et puis j'ai appelé le médecin, fière comme tout de dire que j'étais enceinte... Il m'a calmée direct, me disant que c'était bien trop tôt, qu'il y avait beaucoup de grossesses qui s'arrêtaient spontanément au cours des deux premiers mois, et qu'il fallait rappeler dans un mois. Boum. J'ai cessé de parler à mon ventre. Momentanément. Et j'ai attendu le retour de Mikaël en élaborant des mises en scènes et des formules jolies pour lui annoncer la nouvelle le mieux possible.

Un mois plus tard, quand j'ai obtenu mon rendez-vous à la maternité, on m'a donné des papiers de déclaration de grossesse… Le "pass" pour rêver… Bébé déclaré, grossesse reconnue. Femme enceinte. Mikaël était là. Il était fou de joie, on lui donnait le droit de se dire qu'il allait être papa. Il a décidé ce jour-là d'arrêter de fumer et de se remettre à courir. Moi, ça m'a fait doucement rigoler… Là où j'ai moins aimé, c'est quand il m'a acheté une balance…

Dans la liasse de papiers que le gynéco m'a donnée, il y avait celui à renvoyer à la Sécu, celui à présenter au laboratoire d'analyses, les conseils de ce qu'il faut manger et de ce qu'il ne faut pas manger surtout, les dates des rendez-vous à prendre pour les échographies, les consultations, les cours de préparation à l'accouchement, les ordonnances pour les prises de sang à faire maintenant et un peu plus tard. Une pleine valise ! Pour les prises de sang à faire au plus vite, il y avait plein d'abréviations incompréhensibles : HBs, HIV, RAI, GRRH… Je n'ai pas pu demander d'explications car le toubib était surbooké et qu'il avait déjà du retard. Une autre feuille était glissée, c'était une prise de sang à faire "entre 16 et 18 semaines d'aménorrhée, protocole HT21, entre parenthèses dépistage T21". Ça, c'était pour plus tard.

Nous, on est sortis de là super-contents, enceints, et déjà submergés de responsabilités. C'était bon, si tu savais… On a commencé notre vie de futurs parents, moi je parlais à mon ventre, mais je n'avais plus honte du tout. Mikaël rentrait plus tôt du boulot, on discutait, on délirait sur les prénoms, on se demandait si on voulait savoir si c'est un garçon ou une fille, si j'allaiterais ou pas, à qui il allait ressembler… On a inventé des formules magiques pour qu'il n'hérite pas du nez du grand-père ni des oreilles du tonton. On était à fond dedans. Fous de joie.

Je suivais bien tout ce qui était écrit dans les papiers, des conseils diététiques à l'éviction du chat. C'est dans cette logique "bonne élève" que je suis allée faire ma prise de sang appelée "dépistage T21". J'ai vaguement parcouru le papier d'explications, qui disait que maintenant on dosait les hormones de grossesse et que ça indiquait si on risquait d'avoir un bébé atteint de trisomie 21. Moi, je n'ai pas réfléchi, je ne pouvais tellement pas imaginer que j'étais susceptible d'entrer dans la catégorie… J'ai donné mon bras, comme tous les mois. En même temps ils ont prélevé du sang pour la toxoplasmose, la recherche d'agglutinines irrégulières ou quelque chose comme ça. Et puis voilà. J'ai oublié l'affaire, je suis retournée au boulot, et tout a continué comme d'hab. Jusqu'à ce coup de téléphone de la secrétaire de la maternité : "le test de dépistage a révélé que vous apparteniez à un groupe à risque accru d'avoir un enfant atteint de trisomie 21. Il faudrait pratiquer une amniocentèse dans les plus brefs délais afin de savoir ce qu'il en est réellement." Je n'ai pas percuté immédiatement. Elle a parlé de risque à 1 sur 180, elle a parlé de piqûre dans le ventre pour prendre du liquide amniotique, mais que c'est sans douleur du tout, elle a parlé de chromosomes, de certitude, et de vendredi en huit à neuf heures trente. J'ai dû finir par acquiescer, car elle a raccroché poliment "Au revoir Madame et à bientôt". Moi, je ne me souviens pas avoir raccroché. J'ai dû rester là un moment, debout, j'avais tous ces mots qui résonnaient dans ma tête. Trisomie. Piqûre. Chromosomes.

Mikaël m'a trouvée là, en rentrant du boulot. Il s'est demandé ce qui se passait, et je n'arrivais pas à lui expliquer. C'était confus dans ma tête et les mots ne sortaient pas dans l'ordre. J'ai finalement réussi à bredouiller... "Le bébé est peut-être mongolien. Ils vont me faire une piqûre dans le ventre pour prendre un peu de liquide amniotique et dire si oui ou non il est mongolien." Mikaël a laissé tomber son sac. Il est devenu tout blanc. Mongolien. Mais ça n'est pas possible, on est jeunes, on va bien, il n'y en a pas dans la famille ! Et puis il s'est mis à marcher de long en large dans la salle, en demandant pourquoi, comment, quel est le risque statistique, et tout un tas de questions vachement terre-à-terre et mathématiques. Je me suis mise à pleurer. Je ne pouvais plus m'arrêter. C'est lui le premier qui a osé. C'est lui le premier qui l'a posée, LA question. S'il n'est pas normal, ils font comment ?

À ce moment précis, toute la logique s'est inversée. On a arrêté de penser qu'il était peut-être normal, l'enfant. En fait, quand ça vous tombe dessus, vous prenez ça pour un verdict, une certitude. Les 179 chances pour qu'il soit indemne vous n'y pensez plus du tout. Seul le risque persiste.

On a alors décidé d'appeler la maternité, pour avoir plus d'informations. La secrétaire a décroché, elle était très sympa, je crois qu'elle comprenait mon angoisse, et elle a dit de patienter, qu'elle allait demander au médecin de nous parler pour mieux nous expliquer. Elle a sans doute oublié d'appuyer sur la touche "secret" et on a entendu le gynéco l'engueuler, comme quoi il n'avait pas que ça à faire, qu'il en avait assez des patientes stressées, qu'on n'avait qu'à appeler la sage-femme. La sage-femme étant occupée en salle d'accouchement, il lui a arraché le combiné (c'est du moins ce qu'on a imaginé, vu le ton) et il s'est efforcé de ne pas nous envoyer paître. "Mais voyons, Madame, ce n'est qu'un calcul de risque, qui reste somme toute minime dans votre cas, et il suffit maintenant de pratiquer le seul examen fiable à 100 %, l'amniocentèse, avant de s'inquiéter ! Et après ? Après, Madame, nous en sommes loin". Comme j'insistais un peu trop sur l'éventualité du handicap confirmé et que je lui demandais ce qui se faisait en cas de trisomie 21 avérée, il m'a balancé comme ça : "la décision finale n'appartient qu'à vous et à votre mari. C'est à vous et à vous seuls à décider de la poursuite ou non de votre grossesse. D'ailleurs ni le test sanguin ni l'amniocentèse ne sont obligatoires, ils sont juste proposés. À vous de voir. Maintenant veuillez m'excuser, mais on m'attend".

C'est vous qui décidez... On se demande parfois si on vit bien sur la même planète... C'est donc à nous de décider si on veut garder notre bébé mongolien ou le tuer.

C'est tout vu, a dit Mikaël. Devant mon regard hébété, il a explosé. Tu ne vas quand même pas imaginer garder un bébé mongolien ! T'es pas bien ! Une fois de plus j'ai éclaté en sanglots. C'en était trop. Bien sûr que non, je ne me voyais pas élever un enfant anormal. Mais c'était quand même mon enfant, dans mon ventre, notre enfant, qui grandissait là, qui vivait dans moi. L'ambiguïté était insoutenable.

Dix jours plus tard, quand le réveil a sonné, mon cœur s'est emballé. Une nouvelle fois. Je n'avais pratiquement pas dormi. Je n'ai rien pu avaler, je me suis habillée, et je suis partie pour l'hôpital. Mikaël n'avait pas pu prendre sa journée, et c'était mieux ainsi. On avait du mal à communiquer depuis le coup de fil, le sujet bébé était devenu comme tabou, on ne pouvait plus faire de projet, je crois qu'on essayait chacun de notre côté de se détacher du rêve pour se casser la gueule de moins haut au cas où... Dans la salle d'attente, nous étions quatre, une cinquième était paraît-il dans la salle d'échographie où se déroulait l'examen. Il y avait du retard. J'ai attendu autour de trente minutes, puis on m'a appelée. Le médecin m'a dit de m'allonger sur la table d'échographie, de baisser mon pantalon, et m'a désinfecté le ventre avec du produit jaune. Je n'avais pas imaginé cela comme ça. J'étais déçue je crois... Cet examen était tellement lourd de conséquence dans ma tête, avec le verdict au bout de l'aiguille, quand même, que j'aurais eu besoin de plus de cérémonial je crois... C'est bête, je sais, mais de passer à la chaîne comme ça avec juste "entrez, baissez votre pantalon, ça suffira, et merci, au revoir", ça m'a presque frustrée. J'avais imaginé un bloc opératoire, avec des médecins en uniforme, masqués et cagoulés... Une ambiance à la hauteur de mon angoisse, quoi !

Il a posé la sonde d'échographie sur mon ventre, et je me suis trouvée nez à nez avec mon bébé. J'ai fait un gros effort pour ne pas tourner la tête et pour ne pas pleurer. J'ai dû le laisser transparaître car le médecin m'a dit de ne pas bouger, de ne pas m'inquiéter, que tout irait bien, que ça ne ferait pas mal. S'il savait comme la douleur je n'en avais rien à faire... Il pouvait bien m'enfoncer des aiguilles énormes partout, je m'en fichais bien... Il ne comprenait donc pas que cette aiguille-là, c'était autre chose ? Je voyais mon bébé, là, sur l'écran, bouger à côté de ce pieu planté dans mon ventre, et au bout de l'aiguille, le verdict... Dans la seringue, le liquide jaunâtre qui montait, qui contenait peut-être un arrêt de mort. Chromosomiquement non conforme. Trisomique. Mongolien. Gogol. Poubelle. Il ne pouvait pas comprendre ça, lui, le médecin, que c'est un moment d'une incroyable violence ?

"Voilà Madame, c'est tout, vous pouvez vous rhabiller. Vous voyez bien que ce n'était pas grand chose, ça ne valait pas le coup de vous mettre dans cet état-là !" J'aurais voulu le gifler. Il n'avait donc rien compris. À la place de cela, comble de l'ironie, j'ai clamé un *Merci Docteur* convaincant. En plus, ça a l'air d'être un brave type, il ne comprend rien, c'est tout. Il se protège peut-être. Remarque, s'il avait conscience de l'enjeu à chaque acte, il ne pourrait sans doute pas le faire... Peut-être est-il juste enchaîné dans le système, coincé dans sa technique. Peut-être que si ça arrivait à sa femme il serait aussi mal que moi, peut-être bien qu'il s'en fout, aussi... J'aimerais bien lui demander, s'il se rend compte de ce qu'il dit en affirmant que ce n'est rien, puisque ça ne fait pas mal. Je voudrais le regarder dans les yeux et voir si c'est un air qu'il se donne ou si c'est vraiment vrai qu'il ne s'est jamais transposé... Mais déjà la patiente suivante est entrée. J'ai remonté mon pantalon dare-dare sur mon ventre un peu collant de gel d'échographie. Lui, il va pratiquer sa quatrième amniocentèse de la matinée. Mais qu'est-ce que je suis con ! S'il se torturait les méninges à chaque fois, il serait déjà passé par la fenêtre ou imbibé de Prozac®... Imagine un bûcheron qui pleure pour les insectes et les oiseaux qu'il déloge... Et pourtant, faut bien qu'on se chauffe. Bon, il faut que j'arrête, ça devient n'importe quoi. Mais quand même, il pourrait faire au moins semblant de compatir. Le temps presse. Il faut que je sorte. "Résultats dans trois semaines, pensez à autre chose !"

En sortant, je n'ai pas arrêté de mouliner. Si on m'avait expliqué la prise de sang, ou si simplement j'avais lu correctement la feuille d'explication... Qu'est-ce que j'aurais fait ? C'est bien beau de critiquer tout le monde, de blâmer le corps médical, mais est-ce que j'aurais refusé la prise de sang ? Après tout je n'ai pas refusé l'amniocentèse, j'aurais pu. C'est trop dur, tout ça. Tu refuses, tu flippes toute la grossesse en te disant que tu vas avoir un bébé mongolien (parce qu'il ne faut pas se leurrer, si tu défies le savoir médical en refusant le dépistage, c'est sûr que ça te tombe dessus, vieux résidu judéo-chrétien). Si tu acceptes et qu'il y a un problème, c'est tellement dur à accepter que tu accuses la médecine de te voler tes rêves. En fait, de toute façon, on est sous le poids du pouvoir médical. Et on en demande toujours plus, en bons consommateurs, en plus. Ça me rappelle la collègue de Mikaël, qui a donné naissance à un bébé sans main gauche... Quelle horreur. Tout le monde lui disait de porter plainte contre l'échographiste. Elle a choqué son entourage en disant que certes il n'avait pas vu l'anomalie, mais que ça n'était pas lui qui avait fait le gamin, et que de le savoir à cinq mois lui aurait gâché sa grossesse tout en ne pouvant rien y faire. Elle a raison, au fond... C'est la société qui réfléchit à l'envers ou qui ne réfléchit pas du tout, on ne l'aurait pas supprimée pour une main en moins, la petite, quand même. C'est sûr, elle ne sera pas pilote de chasse, neurochirurgienne ou ouvrière sur une chaîne à haute cadence, mais ça laisse pas mal de possibilités pour s'intégrer dans la société. Qui est-on pour décider de qui a le droit d'exister, qui n'en vaut pas la peine, et si c'était juste une question de rentabilité sociale... et qu'est-ce qu'on en sait, nous, si un mongolien ne peut pas être heureux ? Oh, merde, lui peut-être, mais moi, moi, est-ce que je serais prête à bousiller mes projets de vie pour une belle démonstration éthique ? Est-ce que je serais capable d'être heureuse avec ce monstrueux coup du sort ? J'en sais rien. Je ne le crois pas. Mais c'est quand même mon bébé. Je ne pourrais pas non plus prendre la décision de le tuer. Oh merde, merde, c'est trop dur, je ne sais plus.

Je suis rentrée à la maison, et maintenant, j'attends...

La montre

ELLE REGARDE SA MONTRE, MOI JE REGARDE PAR LA FENÊTRE. ELLE EST À SON BUREAU, JE SUIS DANS MES PENSÉES. Elle est une "bonne" sage-femme, je suis un peu bizarre...comme ils disent.

De toute façon, ma montre, elle est cassée depuis longtemps. Jamais remplacée. Pas besoin. Le rythme est donné, le temps s'écoule, le bébé, les contractions... J'attends. Rien ne presse.

Sa montre, c'est sa priorité. Tout est cadré. Pour écrire dans le dossier. 4h40, examen du col. *"Présentation céphalique en occiput iliaque gauche antérieur, col effacé, souple, 6 cm. Poche des eaux rompue, liquide clair. Perfusion en place, ocytocine 5 unités dans 500cc de glucosé à 5 % au débit de 60ml/h, péridurale efficace. Tension artérielle stable 110/70, saturation en oxygène à 99 %, fréquence cardiaque 75 bpm. Stable. Rythme cardiaque fœtal normo-oscillant, rythme de base 140 bpm. Dynamique utérine OK".*

Dans sa salle d'accouchement, c'est calme. Elle a mis une petite musique de relaxation. La femme fait des mots croisés. Le mari, en blouse blanche, lit l'Équipe. Ils sont heureux, ils vont avoir un enfant. Dans la paix, le calme, et la sécurité.

Moi, je suis dans la salle d'à côté. Mon dossier traîne sur la table à roulettes. Je ne l'ai pas commencé. Je ne sais pas comment elle fait, elle, pour tout répertorier minute après minute. Ah, si, je suis bête... Elle a une montre. Je perds mon temps à papoter. À respirer. À caresser le dos de sa main. Son ventre. Je sais qu'elle a deux autres enfants, qu'ils sont chez la mamie, le grand était inquiet, mais quand même, il a tellement hâte... Surtout qu'on ne sait pas ce que c'est, ce bébé. Comme un cadeau secret.

La contraction arrive, "bonne dynamique utérine". Le bébé appuie bien, ça avance. Elle souffle fort. Ouah, ça fait mal, elle dit. Elle avait oublié. Elle râle un peu. Elle ne sait pas comment se mettre. Elle se lève. Elle a envie de marcher. Son mari l'aide. On se fout d'elle un peu, elle est toute courbée comme une mémé... Elle ne veut pas de péri. Tant pis. Ou tant mieux. Moi je préfère, c'est plus vivant, plus humain. Plus de chaleur, plus d'émotion, plus de vérité, plus de liberté. Tu es obligée d'être avec la femme, de donner, donner, tout ce que tu as. Il y a un vrai partage, une aventure commune, et la femme est tellement fière et heureuse. Et la bouffée de bonheur du bébé sur son ventre est immensément plus forte. Mais bon, c'est un avis perso...

Du coup, pas de péri, pas de perfusion... Elle n'en veut pas. Tout est prêt si besoin, mais je ne veux pas l'entraver, limiter ses mouvements. Ma collègue m'a dit que c'est médico-légal, que je suis quasi hors-la-loi si je ne le fais pas, qu'elle espère pour moi que j'ai une bonne assurance professionnelle... Oui mais voilà, la femme, elle n'en veut pas, de la perfusion. Il paraît aussi que je suis trop coulante, que je n'ai pas à me plier à leurs "caprices", que c'est moi qui sais et qui dois décider. Seulement voilà, moi je sais juste que je ne sais pas pourquoi je ferais ça alors qu'elle ne veut pas.

Alors j'ai renvoyé "la montre" à son dossier.

À côté, tout est calme. Elle a géré de main de maître. Pas de douleur, pas de mouvement, pas de bruit. Du coup, ils n'ont pas besoin d'elle. Elle peut écrire dans son dossier. Le pied.

Dans mon coin à moi, c'est le bordel. Pas de musique douce, on n'y a même pas pensé, des blabla, des soupirs, des gémissements. Même des larmes à des moments. Ça fait mal. Elle marche autour de la "table d'accouchement", le drap est en paquet et pendouille dans un coin. Elle est nue, elle est ronde, et il y a du liquide amniotique et du sang qui coulent le long de sa cuisse. Mais bébé appuie fort. Pas de capteur pour lire les contractions, mais un râle du fond de sa gorge qui nous dit que bébé ne va plus tarder. Papa a pigé aussi, au bruit. Pas besoin d'être médecin. Un regard. Vous pensez comme moi ? Et oui, elle pousse, on y est. Laissons-la faire comme elle le sent. C'est elle qui sait. C'est son bébé, son corps. Nous on n'est là que pour l'accompagner. L'aider. Elle s'accroupit. Elle s'appuie sur son mari, s'accroche à mon regard. Il caresse ses cheveux, je mets ma main sur son ventre. Un sourire, tout va bien. J'enfile mes gants, m'assois par terre. Au sol, du sang, de l'eau, des selles. Elle crie, se cabre, je tends les mains. Les cheveux. Je contrôle le petit bolide qui fonce. Tout doux, mon poussin. Elle souffle fort, fort, elle dit qu'elle n'en peut plus, qu'elle a l'impression qu'elle va se déchirer tellement ça brûle. Et puis un dernier cri, terrible, majestueux. Bébé est là. Elle le prend dans ses bras. On pleure. On rit. On patauge dans les humeurs, les odeurs, le bonheur. Mon bébé, mon amour.

On est tous assis par terre, elle contre lui, abandonnée, lui calé contre le mur, ébouriffé, sonné. On s'est fait prendre par le temps, on dirait. La porte s'ouvre, ouragan. Le gynéco de garde apparaît. Effrayé. Qu'est-ce qui se passe ici ? Pourquoi criez-vous comme ça Madame ? Pourquoi n'avez-vous pas de péridurale ? Et qu'est-ce que vous faites là ? Et sans perfusion ! ! ! Vous vous rendez compte, si vous aviez saigné ! Et le bébé, il faut l'aspirer, le laver, l'habiller, le mesurer, lui donner ses vitamines !

Merci Monsieur, au revoir. On va se débrouiller.

À côté, tout se passe bien. Elle a posé ses mots croisés, son mari s'est approché. La tension est bonne, le scope scande régulièrement son TIP-TIP-TIP rassurant. La sage-femme a installé les étriers, a mis son tablier, a désinfecté, rasé, sondé. Le papa contrôle le cœur du bébé, les yeux rivés sur le papier du monitoring qui s'imprime. Tout va bien ma chérie, la machine l'a dit. Allez, une contraction arrive, il va falloir pousser. Ils ont révisé avant, c'est pas évident, elle ne sent rien. Un, deux. On prend de l'air, on bloque, on pousse fort en bas, "comme si vous étiez constipée" a dit la sage-femme. Fâchez-vous, elle a dit aussi. Bien en colère, poussez encore, encore, encore. Elle fait ça pas mal. Elle a du mérite, c'est plus difficile quand on ne sent pas bébé pousser. Il descend lentement. On commence à voir ses cheveux. On désinfecte encore un peu. Une alèse en papier, quelques compresses stériles, c'est propre, c'est bien rangé, bébé peut arriver. Il va y avoir une contraction, vous allez pouvoir pousser. On reprend ! Un, deux, elle pousse, pousse, bébé apparaît. Un coup de ciseaux préférable à une éventuelle déchirure. Elle regarde son enfant naître, elle trouve ça magique... Je vois tout, et je ne sens rien, elle dit. C'est extraordinaire. Elle sourit. Son mari aussi est ravi. On essuie bien le bébé car tout mouillé, il pourrait prendre froid. La sage-femme le pose sur le drap de la maman, il risquerait de vous souiller, il a du sang et du vernix encore sur la peau. Il est beau, tout rose. Elle le caresse du bout des doigts, elle a peur de lui faire mal. La sage-femme désinfecte et inspecte. Tout va pour le mieux. On peut emmener bébé. On va le laver, l'aspirer d'abord, pour enlever les glaires qu'il a dans le nez. On va dégager son estomac pour qu'il puisse bien prendre son biberon après. Sans ça, il sera barbouillé, il ne voudra pas téter. Et puis il faut écouter son cœur, compter ses doigts, sa fréquence respiratoire, et bien sûr, le mesurer et le peser. Pour pouvoir clore le dossier.

Le gynéco vient d'entrer. 8h32, *"accouchement normal en OP après épisiotomie latérale droite. Délivrance dirigée complète"*. Beau travail. Ici au moins tout est calme. En ordre. Le linge sale est dans le sac rouge, les papiers à jeter dans le sac jaune. Et pas de bruit surtout. Pas de cris. C'est pas comme à côté. Elle a souffert vous savez. Vous avez bien choisi, l'anesthésie. Votre enfant est en de bonnes mains, d'ailleurs, vous l'entendez, il crie ! C'est rassurant quand ça vient de lui.

Le mari part téléphoner. Le bébé examiné, on peut commander les faire-part. C'est l'avantage, on ne perd pas de temps. La mère reprend ses mots croisés, c'est dommage, il n'y a pas la télé. Tout est terminé. Et bien terminé. Bébé est né dans la sécurité, le dossier est bouclé. Toutes les cases sont cochées.

Dans notre salle à nous, on ne fait rien. Ils sont là, tous les trois, à se caresser doucement. Bébé ne dit rien. On dirait presque qu'il est bien. Calé entre les deux seins, il ouvre doucement les yeux. On a baissé la lumière. Il n'y a plus un bruit, que des murmures. Lui, Il est toujours coincé contre le mur. On a mis des coussins pour qu'Elle soit bien.

On va se faire engueuler, c'est sûr, on a oublié de regarder à quelle heure il est né...

J'étais ailleurs...

UNE CHÈVRE TOUTE MAIGRE TRAVERSE EN TROTTINANT DEVANT LA VIEILLE PEUGEOT ROUGE BRINQUEBALANTE. Les mains serrées sur un cahier flambant neuf, un bic dans la poche, le cœur battant, les yeux écarquillés, je pénètre pour la première fois l'enceinte d'un hôpital africain...

AGADEZ, NIGER, 17 AVRIL 1999.

Éparpillées dans cette immense cour sablonneuse, des blouses éclatantes de blancheur prennent le frais sous les misérables épineux tout secs. Ils sont noirs, tous, très noirs, dans leurs blouses très blanches. Tous me regardent de loin, certains lèvent le menton en signe de salut. Rien ne bouge. Seuls quelques insectes mystérieux dérangés par les pales d'un ventilateur fatigué s'aventurent dans l'air épais et brûlant. Quarante-huit degrés à l'ombre. La chaleur est si lourde que j'ai l'impression que tout mon corps est emprisonné dans une chape de plomb. Même respirer demande un effort nouveau.

Première rencontre. Premier sourire.

"Comment ça va avec la chaleur ? Bonne arrivée Mademoiselle Maï ! Il faut s'asseoir maintenant, après, on ira visiter les autres. Wallaï, il faut attendre que la chaleur tombe un peu. Tenez, prenez de l'eau, ici il faut boire tout le temps pour ne pas se déshydrater." La jolie femme qui m'accueille me tend une grande écuelle en métal. L'eau est tiède, trouble, mais j'ai avalé tant de poussière que le breuvage est particulièrement savoureux. Chaque gorgée est comme un cadeau magnifique. Étrange sensation de s'approcher de l'essentiel. Si j'avais su à ce moment... Pour les deux mois à venir, l'incolore, l'inodore et le sans saveur allaient devenir une potion rare et sacrée. Chaque regard posé, chaque sensation ressentie me donnaient soudain l'impression étrange que je n'avais jamais rien vu de ma vie... Une autre dimension du monde, dans laquelle la démesure servirait de mètre étalon. Tout est exagéré... le soleil, les couleurs, la chaleur, les odeurs, les saveurs.

Le temps s'est arrêté. Ici, il ne se déroule pas comme dans ma partie du monde à moi. Les heures s'étirent, se traînent, et le tic-tac de l'horloge se fond au rythme hésitant du ventilateur épuisé. C'est lent, c'est lourd, c'est tellement différent.

J'épie chaque détail de la petite pièce qui sert de secrétariat. L'inventaire est vite fait... Un bureau, une ligne d'étagères métalliques vides, une machine à écrire qui doit dater des années soixante, un tampon tout sec, une feuille immaculée, trois chaises éventrées, un calendrier punaisé au mur, le tout recouvert d'une fine couche de poussière ocre. "Aujourd'hui, on a la chance, il y a l'électricité, on peut avoir du frais." En effet, on a de la chance... Je suppose qu'elle parle du ventilo... Ici, c'est ça qu'on doit appeler frais. Il va falloir que je prenne de nouveaux repères.

Au bout d'un moment, parenthèse du temps, arrive une grande femme en blouse rose. Elle arbore une coiffe et un boubou multicolores. C'est la sage-femme. Elle est magnifique. Sa démarche est lente, ses mouvements comme décomposés par les éclairs d'un stroboscope. On me présente.

Nouvelle rencontre. Nouveau sourire.

“Bonne arrivée ! Wallaï, ici, c'est souvent des problèmes avec les femmes qui arrivent de brousse. Tu vois, là, je vais faire chercher le chirurgien pour qu'il procède à une césarienne.” Elle a dit cela d'un ton lent, presque monocorde. Las. “Regarde, la femme là-bas, celle qui marche vers le bâtiment...Elle a fait trois jours à dos d'âne pour venir à l'hôpital parce que l'enfant ne vient pas. Les vieilles dans son campement ont essayé tous les breuvages, toutes les pratiques traditionnelles. Ils ont appelé le marabout aussi. Rien n'y a fait. Alors elle est venue.” J'essaie de calculer rapidement. Deux ou trois jours de contractions, puis trois jours à dos d'âne dans le désert rocailleux de l'Aïr. Et elle tient encore debout. Bon sang. Elle va vers le bloc opératoire en marchant. Non, pourtant je ne rêve pas.

Devant mon air hébété, la sage-femme sourit. “Elles sont dures à la douleur, les femmes de chez nous ! Tu sais, je pense qu'elle a rompu son utérus depuis un moment. L'enfant est mort, bien sûr, et on le palpe trop bien dans son abdomen.”

Je n'y crois pas. Elle bluffe. Un être vivant ne peut pas supporter de telles souffrances sans broncher. Ça ne se peut pas.

La sage-femme est repartie de son pas nonchalant. Elle a rejoint la femme, elles sont entrées dans la baraque fissurée qui doit être le bloc opératoire. Le chirurgien les a suivies. Moi, je n'ai pas osé les suivre. Pas encore. Je ne sais pas encore comment me situer. J'arrive à peine. Je suis encore trop blanche. Et de toute façon, je ne servirais à rien, je ne sais rien, même mes manuels d'obstétrique n'auraient pas osé mettre en scène un tel cas clinique.

J'observe de loin le pavillon de chirurgie si calme, si anonyme, théâtre insoupçonné de prouesses médicales sur fond de tragédie humaine. Épisode surréaliste. Personne n'a couru. Personne n'a crié. Personne ne s'est levé. Les acteurs sont entrés en scène, coulisses d'exploits quotidiens et banals.

Je reverrai toujours l'expression lassée et dégoûtée de la sage-femme à la sortie du bloc... "Wallaï, c'était bien ça. L'utérus était déchiré, l'enfant mort était macéré, tout était pourri là-dedans... et l'odeur... avec l'aide de Dieu, peut-être on va trouver sa famille pour acheter les antibiotiques. Et si Dieu veut, Wallaï, alors elle vivra."

Une sonnerie stridente me sort de ma rêverie.

MATERNITÉ DE PAIMPOL, FRANCE, JUILLET 1999.

Oui, j'arrive, pardon, j'étais ailleurs...

C'est la femme du 107 qui appelle. Elle n'est pas contente. On a oublié le pain sur son plateau repas.

Bonne année

L'ANNÉE VIENT DE CHANGER ET LE JOUR EST TOUT JUSTE LEVÉ. J'ai passé la nuit de garde à la maternité. Nous avons réveillonné dans le couloir, entre les services de pédiatrie et de maternité, à l'affût des sonnettes et des entrées. Nous avons mis un beau drap blanc sur la table, et, chacune ayant apporté une portion du festin, nous nous sommes installées. Un papa ostréiculteur nous a offert des huîtres, et une grand-mère attentionnée nous a servi une coupe de champagne. Entre deux biberons, deux perfusions, nous avons mangé, papoté, rigolé. Puis on s'est embrassées. Les copines et les maris nous ont même téléphoné. Bonne année !

Premier janvier de bon matin sur le port de Paimpol.

C'est le moment que je préfère. La mer est haute. Les bateaux sommeillent encore. Quelques goélands titubent sur les pontons et un gamin promène son chien. Ca sent bon les croissants et le pain frais. Il n'y a pas d'autre bruit que le cliquetis des haubans sur les mâts engourdis. Nouvel an. Nouvelle page.

On n'en a plus pour très longtemps, maternité rebelle convaincue de légitimité. Ils nous pensent idéalistes, irréalistes, loin des contraintes économiques et des progrès technologiques… Les roses et les choux sont pleins de pesticides, il faut maintenant des éprouvettes transparentes et stériles. La roue tourne, mais nous n'y croyons pas à leurs usines sécurisées. Tous ceux qui sont nés sous nos doigts vont reprendre tout ça en main, hissez haut les gars, à vous de jouer, il vous reste à inventer une obstétrique… déraisonnée.

PREMIERE FOIS **PAIMPOL** UN X SANS Y **ROUDOUDO**
ET TAGADA ELISE A ACCOUCHE **POESIE** CHAN
MARTA CHANTE **PLEINE LUNE** COUP DE SANG
DANSE DE L'ORAGE PORCELAINE BRISEE **LE CAFE**
POUPEE **LES YEUX D'ANNA** AUTRES RIVAGES
TABLEAU LE LUTHIER **LE MIRAGE** MAUVAISE GRAI
L'AMNIOCENTESE LA MONTRE **J'ETAIS AILLEU**
POST-SCRIPTUM **BONNE ANNEE PREMIERE FO**
PAIMPOL **UN X SANS Y** ROUDOUDOU ET TAGA
ELISE A ACCOUCHE POESIE **CHANTE MAR**
CHANTE PLEINE LUNE **COUP DE SANG** LA DANSE
L'ORAGE **PORCELAINE BRISEE** LE CAFE **LA POUP**
LES YEUX D'ANNA **AUTRES RIVAGES** LE TABLEAU
LUTHIER LE MIRAGE **MAUVAISE GRAI**
L'AMNIOCENTESE **LA MONTRE** J'ETAIS AILLEURS **POS**
SCRIPTUM BONNE ANNEE PREMIERE FOIS **PAIMP**
UN X SANS Y **ROUDOUDOU ET TAGADA** ELISE
ACCOUCHE **POESIE** CHANTE MARTA CHANTE **PLEI**
LUNE COUP DE SANG **LA DANSE DE L'ORAG**
PORCELAINE BRISEE **LE CAFE** LA POUPEE **LES YEU**
D'ANNA AUTRES RIVAGES **LE TABLEAU** LE LUTHIER
MIRAGE MAUVAISE GRAINE **L'AMNIOCENTESE**
MONTRE **J'ETAIS AILLEURS** POST-SCRIPTUM **BON**
ANNEE PREMIERE FOIS PAIMPOL **UN X SANS**
ROUDOUDOU ET TAGADA **ELISE A ACCOUCHE** POE
CHANTE MARTA CHANTE PLEINE LUNE **COUP**
SANG LA DANSE DE L'ORAGE **PORCELAINE BRISEE**
CAFE **LA POUPEE** LES YEUX D'ANNA **AUTR**
RIVAGES LE TABLEAU **LE LUTHIER** LE MIRAG
MAUVAISE GRAINE L'AMNIOCENTESE **LA MONT**
J'ETAIS AILLEURS **POST-SCRIPTUM** BONNE ANN
PREMIERE FOIS **PAIMPOL** UN X SANS Y **ROUDOUDO**
ET TAGADA ELISE A ACCOUCHE **POESIE** CHAN
MARTA CHANTE **PLEINE LUNE** COUP DE SANG
DANSE DE L'ORAGE PORCELAINE BRISEE **LE CAFE**
POUPEE **LES YEUX D'ANNA** AUTRES RIVAGES
TABLEAU LE LUTHIER **LE MIRAGE** MAUVAISE GRAI
L'AMNIOCENTESE LA MONTRE J'ETAIS AILLEURS **POS**
SCRIPTUM BONNE ANNEE PREMIERE FOIS **PAIMP**

TABLE

ÉDITEUR

Achevé d'imprimer en décembre 2005
par l'imprimerie S.P.E.I., 54 Pulnoy
Dépôt légal 4ème trimestre 2005

Imprimé en France

Couverture et mise en page Henri Bartringer